O TÉRMINO DO CONTRATO DE TRABALHO POR JUSTA CAUSA DO EMPREGADOR

Conselho Editorial
André Luís Callegari
Carlos Alberto Alvaro de Oliveira
Carlos Alberto Molinaro
Daniel Francisco Mitidiero
Darci Guimarães Ribeiro
Draiton Gonzaga de Souza
Elaine Harzheim Macedo
Eugênio Facchini Neto
Giovani Agostini Saavedra
Ingo Wolfgang Sarlet
Jose Luis Bolzan de Morais
José Maria Rosa Tesheiner
Leandro Paulsen
Lenio Luiz Streck
Paulo Antônio Caliendo Velloso da Silveira
Rodrigo Wasem Galia

H116t   Hablich, Fernanda Campos.

O término do contrato de trabalho por justa causa do empregador: a falta de recolhimento dos depósitos do FGTS e a ação de rescisão indireta do contrato de trabalho: análise sob a perspectiva do direito constitucional do trabalho / Fernanda Campos Hablich, Rodrigo Wasem Galia. – Porto Alegre: Livraria do Advogado Editora, 2014.

103 p.; 23 cm.

Inclui bibliografia.

ISBN 978-85-7348-896-8

1. Direito do trabalho - Brasil. 2. Fundo de garantia do tempo de serviço. 3. Contrato de trabalho - Rescisão (Direito). 4. Justa causa (Direito). I. Galia, Rodrigo Wasem. II. Título.

CDU 349.22(81)

CDD 344.81018915

Índice para catálogo sistemático:
1. Contrato trabalhista : Rescisão : Brasil   349.22(81)

(Bibliotecária responsável: Sabrina Leal Araujo – CRB 10/1507)

Fernanda Campos Hablich
Rodrigo Wasem Galia

O TÉRMINO DO CONTRATO DE TRABALHO POR JUSTA CAUSA DO EMPREGADOR

A falta de recolhimento dos depósitos do FGTS e a
ação de rescisão indireta do contrato de trabalho

Análise sob a perspectiva do
Direito Constitucional do Trabalho

Porto Alegre, 2014

©
Fernanda Campos Hablich
Rodrigo Wasem Galia
2014

Projeto gráfico e diagramação
Livraria do Advogado Editora

Revisão
Rosane Marques Borba

Direitos desta edição reservados por
Livraria do Advogado Editora Ltda.
Rua Riachuelo, 1300
90010-273 Porto Alegre RS
Fone/fax: 0800-51-7522
editora@livrariadoadvogado.com.br
www.doadvogado.com.br

Impresso no Brasil / Printed in Brazil

Dedicamos este trabalho a Deus, pela força e inspiração; aos nossos pais, pelos primeiros ensinamentos e pelo exemplo de honestidade, caráter e retidão; à nossa família amada, pela compreensão nas inúmeras ausências e pelo carinho e incentivo que sempre nos deram incondicionalmente.

Agradecimentos

Fernanda Campos Hablich:

Agradeço aos meus pais, Jaime Hablich e Beloni Campos, que não pouparam esforços para formarem esta (quase) Bacharel.

Ao Cícero, meu noivo, essencial em todos os momentos.

Agradeço aos meus amigos pelo apoio incondicional, paciência nos momentos difíceis e imenso carinho.

Agradeço às minhas amigas e companheiras de jornada Carolina Rocha, Jaqueline Tem Caten, Júlia Ioppi, Júlia Santos, Paula Santos, Priscila Defendi Casane e Samira Moosher, por terem participado tão positivamente da minha caminhada acadêmica.

Agradeço, com todo o meu carinho e admiração, ao meu querido Mestre Rodrigo Galia, cuja trajetória acadêmica me inspira e orgulha-me, pela confiança em mim depositada. Sem seu comprometimento e trabalho impecáveis, a parceria na elaboração desta obra não teria sido possível e nem tão prazerosa.

Rodrigo Wasem Galia:

À minha querida ex-aluna, Fernanda Campos Hablich, amiga, parceira e colega de escrita conjunta da presente obra, pela compreensão das dificuldades da vida jurídica, pelo apoio na construção da presente obra, pela dedicação que teve neste projeto.

À minha mãe, Zelanda Galia, por todo o afeto, carinho e suporte dado ao longo dessa trajetória, nos incansáveis momentos em que estive ausente dela, na dedicação ao presente livro; ao meu pai, Elias Roberto Galia, e ao meu irmão, Alessandro Galia, pelos inúmeros momentos de parceria e amizade ao longo da minha trajetória de vida.

Ao amigo, Professor Maurício Góes, pelo apoio nas horas mais difíceis da minha trajetória acadêmica e pelo exemplo de profissional que é.

Ao amigo, orientador de Doutorado, Prof. Dr. Gilberto Stürmer, que me apoiou na minha trajetória acadêmica, principalmente agora, na futura tese de doutorado, como meu orientador.

Ao Professor Fabrício Clamer, colega de IDC, amigo e pessoa de inestimável saber jurídico e extraordinário caráter.

Aos Cursos Preparatórios às Carreiras Jurídicas do IDC, em especial ao Dr. Roberto Domingos Colpo, Dr. Marciano Colpo, professores e funcionários, ao Verbo Jurídico, em especial ao Dr. Ricardo Glimm, Dr. Nylson Paim, agradeço a todos pela confiança depositada no meu trabalho.

Agradeço também à UNISINOS, em especial aos Coordenadores de Curso, Dr. Miguel Wedy, Dr. Guilherme de Azevedo, Dr. Tomás Grings Machado e Dr. André Luiz Olivier da Silva, demais colegas professores e funcionários.

Ao Dr. Francis Rafael Beck, pelo apoio na época de Coordenador do Curso de Direito da UNISINOS e pela leal amizade que construímos, e à Dra. Carolina Gralha Beck, pelo aceite ao convite de prefaciar a presente obra, pessoa de inestimável saber jurídico, que muito nos orgulha em sua atividade jurisdicional trabalhista.

Aos Coordenadores do Curso de Direito do UNIRITTER, Dr. André Bencke e Dr. Diego Leite, pela bela acolhida que tive neste meu primeiro semestre de ingresso na instituição, acreditando no meu potencial de trabalho.

À Dra. Alessandra de Moraes Vieira Russo, Coordenadora do Curso de Direito da UNIRITTER de Porto Alegre, por ter aberto as portas para a seleção docente na UNIRITTER e por ser pessoa de ética inabalável, referência de conduta em nosso meio acadêmico.

Ao Professor Dr. Conrado Paulino da Rosa, amigo que conto nos momentos mais críticos da minha trajetória profissional, brilhante na defesa da família eudemonista.

À Dra. Denise Pires Fincato, pelas excelentes aulas de Direito do Trabalho no Doutorado da PUCRS e pelo exemplo de pessoa de fibra que, mesmo passando por problemas familiares, não deixou nunca de prestar assistência aos seus alunos do PPGD da PUCRS.

Aos professores e colegas de doutorado da PUCRS, pelos inúmeros momentos compartilhados na busca da excelência profissional.

A Deus, que sempre me dá força e coragem para seguir em frente, mesmo quando os obstáculos pareçam intransponíveis.

Convém não esquecer, contudo, que a realização nobre exige três requisitos fundamentais, a saber: primeiro, desejar; segundo, saber desejar; e, terceiro, merecer, ou, por outros termos, vontade ativa, trabalho persistente e merecimento justo.

LUIZ, André (Espírito). Nosso lar.
Psicografado por Francisco Cândido Xavier. 45. ed.
Rio de Janeiro: Federação Espírita Brasileira, 1996, p. 49.
Disponível em: <http://www.sej.org.br /livros/ lar_br.pdf>. Acesso em: 3 abr. 2013.

Prefácio

Conhecer os autores desta obra já era uma honra.

Além do alto nível do debate acadêmico, vê-se no Rodrigo Wasem Galia a verdadeira paixão pelo que faz, o que se concretiza na admiração de todos que têm o privilégio de com ele conviver. Na jovem Fernanda Campos, a entusiasmada dedicação, carisma e competência, características próprias daqueles que vencem os desafios que a vida propõe.

Agora, distinguida pela generosidade do convite, aventuro-me na novel responsabilidade de prefaciar esta obra.

O tema abordado permite explorar as várias facetas do direito. De forma aprofundada e atualizada, encara as posições jurisprudenciais sobre instigante questão envolvendo o rompimento do contrato de trabalho por culpa do empregador pelo não recolhimento do FGTS. E a riqueza da pesquisa está exatamente em expor fundamentos de posições opostas, permitindo que o leitor acesse a gama de argumentos para adotar aquela que entender mais coerente no caso concreto.

O direito do trabalho vem conquistando espaço e interesse de forma proporcional ao mundo em que vivemos. Relações de trabalho nos cercam e compreendê-las se faz cada vez mais necessário. Obrigações principais e acessórias do contrato de trabalho podem acabar sendo desrespeitadas ao longo da relação tanto pelo empregador, como pelo empregado, e as consequências advindas desses atos devem ser debatidas à altura, tal como aqui ocorre.

Apresento, portanto, a qualificada obra de destacados autores e distintos amigos, que atende os interesses de estudantes e profissionais do direito e que contribuirá para o debate e evolução da ciência jurídica.

O sucesso é certo, e todos serão brindados por uma enriquecedora leitura.

Carolina Hostyn Gralha Beck
Juíza do Trabalho da 4ª Região

Sumário

1. Introdução......15
2. O FGTS no Direito do Trabalho brasileiro......17
   2.1. Breve histórico......17
   2.2. Conceito......20
      2.2.1. Natureza jurídica......21
         2.2.1.1. Em relação ao empregado......22
         2.2.1.2. Em relação ao empregador......22
   2.3. Quem tem direito ao FGTS......25
      2.3.1. Do empregado doméstico......26
      2.3.2. Do diretor não empregado......29
   2.4. Funcionamento......30
      2.4.1. Depósitos......32
      2.4.2. Administração......34
         2.4.2.1. Estabilidade temporária dos representantes dos trabalhadores do conselho curador......34
      2.4.3. Agente operador......36
      2.4.4. Utilização dos recursos do Fundo......37
      2.4.5. FGTS na rescisão ou extinção do contrato de trabalho......38
   2.5. Casos de saque do FGTS......39
3. A rescisão indireta do contrato individual de trabalho......47
   3.1. Das formas de extinção do contrato de trabalho......48
   3.2. Conceito e fundamento Legal......50
   3.3. Casos de rescisão indireta......51
      3.3.1. Serviços superiores às forças do empregado, serviços defesos por lei, serviços contrários aos bons costumes e serviços alheios ao contrato......52
      3.3.2. Tratamento com rigor excessivo......53
      3.3.3. Perigo manifesto de mal considerável......54
      3.3.4. Descumprimento das obrigações contratuais......55
      3.3.5. Ato lesivo da honra e boa fama, contra o empregado ou pessoas de sua família......58
      3.3.6. Ofensas físicas, salvo em caso de legítima defesa, própria ou de outrem......59

3.3.7. Redução do trabalho, sendo este por peça ou tarefa, de forma a afetar sensivelmente a importância dos salários....................................60

3.4. A ação de rescisão indireta e o seu funcionamento....................................61

3.4.1. Elementos: gravidade e atualidade....................................61

3.4.2. Ônus da prova....................................64

3.4.3. Afastamento do emprego....................................64

3.4.4. Iniciativa do empregado/reclamante....................................67

3.4.5. Sentença....................................67

3.5. Verbas rescisórias devidas na rescisão indireta....................................69

4. Do cabimento da ação de rescisão indireta pelo não depósito do FGTS....................71

4.1. Mora dos depósitos de FGTS no contrato de trabalhos dos atletas de futebol....................................72

4.2. Posição doutrinária favorável....................................74

4.3. Posição doutrinária contrária....................................78

4.4. Posição jurisprudencial contrária....................................79

4.5. Posição jurisprudencial favorável....................................82

4.6. Novo entendimento do TST na Matéria....................................91

5. Conclusão....................................93

Referências....................................97

1. Introdução

Dentre as hipóteses constantes do artigo 483[1] da Consolidação das Leis do Trabalho (CLT), que caracterizam a justa causa do empregador, permitindo ao empregado pleitear a rescisão indireta do contrato de trabalho, encontra-se a situação em que o empregador não cumpre com suas obrigações contratuais. Jurisprudência e doutrina divergem acerca das condutas que implicam ou não o referido descumprimento contratual. Assim, seria o não depósito do Fundo de Garantia do Tempo de Serviço pelo empregador causa apta a amparar o pedido de rescisão indireta do contrato de trabalho?

Essa questão ainda encontra posicionamentos divergentes, dos mais variados doutrinadores e aplicadores do Direito, carecendo de especial atenção para que seja resolvida, o que trará benefícios e conforto tanto para empregadores quanto para empregados. A divergência encontra-se, principalmente, na conceituação de obrigações contratuais, nas quais podem ou não, dependendo do entendimento, estar contidas as obrigações legais – que decorrem do conjunto de normas trabalhistas reguladoras das relações empregatícias – o que será visto no decorrer do presente estudo. Desta forma, a resolução de cada caso depende do entendimento ao qual se filia o julgador.

Não obstante o que a Subseção de Dissídios Individuais 1 do Tribunal Superior do Trabalho (SDI-1 do TST) tenha, no ano de 2012, posicionado-se sobre o tema, ainda não se tem Súmula ou até mesmo Orientação Jurisprudencial (OJ) que, de certa forma, imponha aos julgadores de 1º e 2º graus uma decisão contrária ou favorável à questão. Assim, os entendimentos divergentes permeiam de dúvidas empregadores, empregados e operadores do direito.

---

[1] Art. 2º BRASIL. *Lei nº 8.036, de 11 de maio de 1990*. Dispõe sobre o Fundo de Garantia do Tempo de Serviço, e dá outras providências. Disponível em: <http://www.planalto.gov.br/ccivil_03/leis/ l8036consol.htm>. Acesso em: 16 out. 2012.

O presente estudo objetiva analisar os diferentes posicionamentos doutrinários e jurisprudenciais acerca do não depósito do FGTS como descumprimento contratual pelo empregador, causa ensejadora da rescisão indireta do contrato de trabalho. Para tanto, vai-se, primeiramente, caracterizar o instituto do Fundo de Garantia do Tempo de Serviço; reconhecer o seu âmbito de incidência (empregador e empregado); explicar o seu funcionamento e enumerar os casos em que pode ocorrer o saque.

Ainda, há de se descrever o mecanismo de rescisão indireta do contrato de trabalho; quais as hipóteses que a caracterizam e explicar a sistemática da ação de rescisão indireta. Por fim, serão expostas as posições doutrinárias e jurisprudenciais contrárias e favoráveis à rescisão indireta do contrato de trabalho pela ausência de depósito do FGTS, bem como o atual entendimento do Tribunal Superior do Trabalho na matéria.

O instituto do FGTS será analisado amplamente, destacando-se os pontos que servem à sistemática do trabalho. As questões específicas, como prescrição e aplicação dos recursos, deixarão de ser examinadas, pois não interessam à proposta desta monografia. As hipóteses de rescisão indireta do contrato de trabalho e a ação judicial legítima para a verificação das justas causas do empregador serão analisadas apenas nos aspectos pertinentes ao trabalho, deixando-se de enfrentar características polêmicas que não o tema do presente estudo.

A pesquisa jurisprudencial, feita em âmbito nacional, apresentará as decisões mais significativas sobre o tema, ou seja, as que possuem fundamentos diferenciados acerca do assunto aqui abordado. As decisões representam os entendimentos dos Tribunais Regionais do Trabalho, que são divergentes. Por fim, será analisado o mais recente posicionamento da SDI-1 do TST sobre a questão, que está norteando novas decisões.

2. O FGTS no Direito do Trabalho brasileiro

O antigo modelo jurídico celetista buscava ser fiel aos princípios da continuidade da relação de emprego e da inserção do trabalhador na empresa, criando óbices econômicos e jurídicos à dispensa arbitrária do empregado. O óbice econômico consistia na indenização por tempo de serviço, que previa, como a denominação já demonstra, uma indenização paga ao obreiro caso este fosse dispensado sem justa causa, que era calculada proporcionalmente ao tempo de serviço dele na empresa; já o óbice jurídico fazia-se presente na estabilidade conferida ao trabalhador que laborasse dez anos para o mesmo empregador (jurisprudencialmente, apenas nove anos),[2] caso em que aquele só poderia ser despedido se incorresse em justa causa, conforme a regra contida no art. 492 da CLT.[3]

O Fundo de Garantia do Tempo de Serviço surgiu como um novo modelo jurídico celetista, advindo com ele um novo meio de proteção do tempo de serviço. Primeiramente, como opção à estabilidade, coexistindo então os dois regimes, e após consolidou-se, através da Constituição Federal de 1988 (CF/88), como o único instituto jurídico a dar cobertura econômica ao tempo de serviço prestado pelo empregado.

2.1. Breve histórico

Em 13 de setembro do ano de 1966, foi promulgada a Lei 5.107, que instituiu o Fundo de Garantia do Tempo de Serviço no Direito

---

[2] DELGADO, Mauricio Godinho. *Curso de direito do trabalho*. 9. ed. São Paulo: LTr, 2012, p. 1152.

[3] Idem, p. 1151-1153.

brasileiro.[4] A lei inaugurou o sistema como uma opção do empregado, que poderia buscar adquirir a estabilidade de dez anos prevista pela CLT, ou então escolher pelo sistema do Fundo de Garantia, caso em que o seu empregador faria um depósito mensal no percentual de 8% sobre o salário em uma conta vinculada em seu nome (do obreiro). Urge salientar que a escolha por uma das opções excluía, automaticamente, o uso da outra.

A opção pelo FGTS poderia ser feita em até trezentos e sessenta e cinco dias contados da entrada em vigor da lei para quem já estivesse empregado[5] e, para quem fosse admitido após os trezentos e sessenta e cinco dias, a contagem do prazo iniciava na data de sua admissão; em ambos os casos, a manifestação teria que ser escrita. Também havia a possibilidade de retratação (que possibilitaria a volta do empregado ao regime da estabilidade decenal), que poderia ser exercida em até trezentos e sessenta e cinco dias contados da opção e desde que nenhum movimento na conta houvesse sido feito.[6]

Na concepção de Ives Gandra da Silva Martins Filho,[7] o FGTS beneficiou empregadores e empregados "[...] pois o Fundo assemelha-se a um seguro pago todos os meses pela empresa, no sentido de garantir seu direito potestativo de dispensa". Já Vólia Bonfim Cassar[8] considera que a instituição do FGTS trouxe benefícios para os trabalhadores e para o Estado:

> O interesse do Estado estava na utilização dos rendimentos do fundo para financiamento de casas próprias e ofereciam, em contrapartida, um fundo de reserva de contribuições recolhidas mês a mês pelo empregador para futura garantia de despedida imotivada, protegendo o trabalhador contra os riscos de desaparecimento ou quebra da empresa.

---

[4] BRASIL. *Lei nº 5.107, de 13 de setembro de 1966*. Cria o Fundo de Garantia do Tempo de Serviço, e dá outras providências. Disponível em: <http://www.planalto.gov.br/ccivil_03/leis/L5107.htm>. Acesso em: 22 ago. 2012.

[5] "A opção retroativa tinha cabimento quando o empregado já contava com tempo de serviço anterior à opção e ao optar pelo regime do FGTS o fazia para ser protegido *ad futurum* e, também, de forma retroativa, isto é, desde a admissão, desde que esta tenha sido posterior à Lei 5.107/66. Consequência: todo o pacto laboral ficava protegido pelo FGTS, renunciando a forma de proteção ao tempo de serviço contida no art. 478 da CLT". CASSAR, Vólia Bonfim. *Direito do trabalho*. 5. ed. Niterói: Impetus 2011, p. 1212.

[6] Art. 1º, § 1º-§ 6º. BRASIL. *Lei nº 5.107, de 13 de setembro de 1966*. Cria o Fundo de Garantia do Tempo de Serviço, e dá outras providências. Disponível em: <http://www.planalto.gov.br/ccivil_03/ leis/L5107.htm>. Acesso em: 22 ago. 2012.

[7] MARTINS FILHO, Ives Gandra da Silva. *Manual esquemático de direito e processo do trabalho*. 14. ed. São Paulo: Saraiva, 2006, p. 83.

[8] CASSAR, Vólia Bonfim. *Direito do trabalho*. 5. ed. Niterói: Impetus, 2011, p. 1205.

A dualidade de regimes – estabilidade decenal e FGTS – perdurou até a promulgação da Constituição Federal brasileira de 1988, permanecendo, desde então, no regime jurídico, apenas o Fundo de Garantia do Tempo de Serviço. Como menciona Marcelo Alexandrino,[9] a revogação da estabilidade decenal deu-se pela dificuldade de convivência entre os dois institutos, pois "[...] nenhuma empresa admitia mais um empregado se ele não optasse pelo FGTS".

Atualmente, a Constituição Federal brasileira elenca, no inciso III do seu artigo 7º, como um dos direitos dos trabalhadores urbanos e rurais, o "fundo de garantia do tempo de serviço",[10] o FGTS. Com essa redação, ocorreu, segundo Maurício Godinho Delgado,[11] a "Universalização do FGTS e a revogação do sistema celetista", pois elevou o instituto a direito constitucional do trabalhador mediante a obrigação do empregador de recolher ao Fundo valores que, de certa forma, compensassem o tempo de serviço prestado por aquele, revogando a então indenização por tempo de serviço do art. 477 da CLT[12] e a estabilidade prevista no art. 492[13] do mesmo diploma legal.[14] Como referem

---

[9] ALEXANDRINO, Marcelo. *Direito do trabalho.* 9. ed. Rio de Janeiro: Impetus, 2006, p. 237.

[10] BRASIL. Constituição (1988). *Constituição da República Federativa do Brasil de 1988.* Disponível em: <http://www.planalto.gov.br/ccivil_03/constituicao/constitui%C3%A7ao.htm>. Acesso em: 22 ago. 2012.

[11] DELGADO, Mauricio Godinho. *Curso de direito do trabalho.* 9. ed. São Paulo: LTr, 2012, p. 1155.

[12] "Art. 477. É assegurado a todo empregado, não existindo prazo estipulado para a terminação do respectivo contrato, e quando não haja ele dado motivo para cessação das relações de trabalho, o direto de haver do empregador uma indenização, paga na base da maior remuneração que tenha percebido na mesma empresa". BRASIL. Constituição (1988). *Constituição da República Federativa do Brasil de 1988.* Disponível em: <http://www.planalto.gov.br/ccivil_03/constituicao /constitui%C3%A7ao.htm>. Acesso em: 22 ago. 2012.

[13] "Art. 492. O empregado que contar mais de 10 (dez) anos de serviço na mesma empresa não poderá ser despedido senão por motivo de falta grave ou circunstância de força maior, devidamente comprovadas". BRASIL. *Lei nº 8.036, de 11 de maio de 1990.* Dispõe sobre o Fundo de Garantia do Tempo de Serviço, e dá outras providências. Disponível em: <http://www.planalto. gov.br/ ccivil_03/leis/l8036consol.htm>. Acesso em: 22 ago. 2012.

[14] "A Carta de 1988 *universalizou o sistema do FGTS*: a um só tempo, eliminou a exigência de opção escrita pelo Fundo (excetuada a opção retroativa, evidentemente), fazendo do FGTS um direito inerente a todo o contrato empregatício, inclusive o do rurícola (art. 7º, III, CF/88). Apenas o empregado doméstico é que não foi incorporado ao sistema do Fundo de Garantia) parágrafo único do mesmo art. 7º), ficando a categoria, neste aspecto, na dependência de lei favorável.

A segunda importante mudança constitucional, nesta seara, reside na *eliminação do antigo sistema indenizatório e estabilitário celetistas*, excetuadas, evidentemente, as situações jurídicas já constituídas antes de 5.10.1998. De fato, por meio da conjugação dos incisos I e III do art. 7º examinado, além do art. 10, *caput*, e inciso I do Ato das Disposições Transitórias, tem-se concluído, pacificamente, na doutrina e na jurisprudência que a nova Constituição pôs fim à antiga sistemática se proteção ao tempo de serviço e ao contrato, com consequentes estabilidade e indenização

Eliana S. A. Moreira e Francisco A. M. P. Giordani,[15] "As estabilidades já adquiridas foram mantidas, em observância ao princípio do direito adquirido", consoante a regra do art. 14 da Lei 8.036/90.[16]

Fala-se, hoje, em sistema único em contraposição ao sistema optativo mencionado alhures. Importante ressaltar que os empregados domésticos não eram incluídos no sistema de obrigatoriedade de depósitos do FGTS até a promulgação da Emenda Constitucional n° 72,[17] no dia 02 de abril de 2013 – a inclusão era apenas facultativa. Todavia, a obrigatoriedade de inclusão no Instituto ainda depende de lei regulamentadora para que surta efeitos.

2.2. Conceito

A Lei n. 5.107, de 13 de setembro de 1966, no seu art. 11, definia o FGTS como o "[...] conjunto das contas vinculadas a que se refere esta Lei, cujos recursos serão aplicados com correção monetária e juros, de modo a assegurar cobertura de suas obrigações, cabendo sua gestão ao Banco Nacional da Habitação".[18]

Já a Lei 8.036, de 11 de maio de 1990, que passou a reger este instituto desde então (com posteriores modificações em alguns artigos até o ano de 2009, citando a Lei 7.839, de 12 de outubro de 1989, como a mais significativa delas), dispõe que: "O FGTS é constituído pelos

---

rescisória contidas na velha CLT (no *caput* de seu art. 477 e art. 492 e seguintes)" (grifo do autor). DELGADO, Mauricio Godinho. *Curso de direito do trabalho*. 9. ed. São Paulo: LTr, 2012, p. 1155. (grifo do autor).

[15] MOREIRA, Eliana dos Santos Alves; GIORDANI, Francisco Alberto da Motta Peixoto. O fundo de garantia do tempo de serviço. In: PEIXOTO, Francisco Alberto da Motta; MARTINS, Melchíades Rodrigues; VIDOTTI, Tarceio José (Coord.). *Fundamentos do direito do trabalho, estudos em homenagem ao Ministro Milton de Moura França*. São Paulo: LTr, 2000, p. 587.

[16] "Art. 14. Fica ressalvado o direito adquirido dos trabalhadores que, à data da promulgação da Constituição Federal de 1988, já tinham o direito à estabilidade no emprego nos termos do Capítulo V do Título IV da CLT". BRASIL. *Lei n° 8.036, de 11 de maio de 1990*. Dispõe sobre o Fundo de Garantia do Tempo de Serviço, e dá outras providências. Disponível em: <http://www.planalto.gov.br/ccivil_03/leis/l8036consol.htm>. Acesso em: 21 set. 2012.

[17] BRASIL. *Emenda constitucional N° 72, de 2 de abril de 2013*. Altera a redação do parágrafo único do art. 7° da Constituição Federal para estabelecer a igualdade de direitos trabalhistas entre os trabalhadores domésticos e os demais trabalhadores urbanos e rurais. Disponível em: <http://www.planalto.gov.br/ccivil_03/constituicao/Emendas/Emc/emc72.htm>. Acesso em: 03 abr. 2013.

[18] BRASIL. *Lei n° 5.107, de 13 de setembro de 1966*. Cria o Fundo de Garantia do Tempo de Serviço, e dá outras providências. Disponível em: <http://www.planalto.gov.br/ccivil_03/leis/L5107.htm>. Acesso em: 22 ago. 2012.

saldos das contas vinculadas a que se refere esta lei e outros recursos a ele incorporados, devendo ser aplicados com atualização monetária e juros, de modo a assegurar a cobertura de suas obrigações".[19]

Note-se que as citadas leis diferem na conceituação do instituto, ora caracterizando-o como conjunto das contas vinculadas, ora como conjunto dos saldos das contas vinculadas. Sobre e distinção de conceitos, posiciona-se Sérgio Pinto Martins,[20] no sentido de que a norma anterior melhor o conceituava:

> Parece que a primeira norma trazia uma ideia melhor do FGTS, ao afirmar que é um conjunto de contas vinculadas. O Fundo não é apenas o saldo, mas o conjunto de várias contas, que formam o sistema. O próprio empregado pode, no curso do contrato de trabalho, utilizar os depósitos para o fim de pagamento parcial ou total da casa própria e nem por isso deixam os valores de integrar o sistema do FGTS. O FGTS não é, portanto, só o saldo da conta vinculada, pois os depósitos podem estar sendo utilizados dentro do sistema, como para o financiamento da casa própria.

O FGTS, do ponto de vista do sistema instituído pela sua lei regulamentadora, é o conjunto dos saldos de todas as contas vinculadas pertencentes aos trabalhadores urbanos e rurais, incluídos os avulsos e, recentemente, os domésticos. Do ponto de vista do empregado e do empregador, o FGTS é o depósito, feito mensalmente por este em uma conta vinculada em nome daquele, no percentual de 8% sobre a sua remuneração, que constitui um fundo, uma poupança, cujo valor poderá ser utilizado pelo obreiro nas hipóteses previstas em lei. Outrossim, pode-se dizer que o FGTS, ou os valores nele depositados, constituem "[...] patrimônio do empregado mesmo em rupturas por justa causa operária ou pedido de demissão pelo obreiro (embora, nestes casos, o trabalhador não possa sacar, na rescisão, o Fundo)".[21]

2.2.1. Natureza jurídica

De acordo com Sérgio Pinto Martins,[22] a natureza jurídica do instituto ora estudado é híbrida, devendo ser observada de dois ângulos

---

[19] Art. 2º. BRASIL. *Lei nº 8.036, de 11 de maio de 1990*. Dispõe sobre o Fundo de Garantia do Tempo de Serviço, e dá outras providências. Disponível em: <http://www.planalto.gov.br/ccivil_03/leis/l8036consol.htm>. Acesso em: 22 ago. 2012.

[20] MARTINS, Sérgio Pinto. *Direito do trabalho*. 26. ed. São Paulo: Atlas, 2010, p. 45-46.

[21] DELGADO, Mauricio Godinho. *Curso de direito do trabalho*. 9. ed. São Paulo: LTr, 2012, p. 1150.

[22] MARTINS, Sérgio Pinto. *Direito do trabalho*. 26. ed. São Paulo: Atlas, 2010, p. 465.

distintos, do empregado e do empregador, sendo que, em cada um deles, encontram-se teorias que buscam fundamentá-los. Abordar-se-ão, sucintamente, algumas dessas teorias.

2.2.1.1. Em relação ao empregado

A primeira teoria para a natureza jurídica do FGTS sob a ótica do empregado é a teoria do "salário diferido", mencionada por Sérgio Pinto Martins,[23] na qual os valores depositados pelo empregador na conta vinculada do obreiro seriam salário, que ficaria depositado nessa conta até o saque (hipóteses de autorização para saque definidas na lei). O próprio autor[24] faz uma crítica a essa teoria, pois o FGTS não se trata de um salário porque não é pago diretamente ao obreiro. O que acontece são os depósitos no Fundo e, posteriormente, a retirada dos valores pelo obreiro.

Outra teoria é a do "Crédito-compensação",[25] na qual os valores depositados no Fundo em prol do empregado serviriam como uma compensação pelo serviço prestado ao empregador. Assim, o obreiro poderia, nas hipóteses da lei, como, por exemplo, aquisição de casa própria pelo Sistema Financeiro de Habitação, utilizar-se dos valores que, por lei, seriam seus. Essa compensação não se confunde com a indenização de 40% nos casos de despedida imotivada.

Por fim, Sérgio Pinto Martins[26] conclui que o FGTS é um crédito criado a favor do obreiro, uma espécie de poupança forçada para que este utilize os valores em situações especiais. Os valores são, assim, uma compensação pelo serviço prestado ao empregador, mas que não se confunde com a indenização, por ter esta natureza reparadora pelos supostos danos causados ao empregado por sua despedida arbitrária.

2.2.1.2. Em relação ao empregador

Interessantes são as teorias que buscam explicar os depósitos do FGTS sob a ótica do empregador. A mais consistente delas é a teoria

---

[23] MARTINS, Sérgio Pinto. *Manual do FGTS*. 4. ed. São Paulo: Malheiros, 2010, p. 31.

[24] Idem, ibidem.

[25] MARTINS, Sérgio Pinto. *Manual do FGTS*. 4. ed. São Paulo: Malheiros, 2010, p. 35-36.

[26] Idem, p. 36-37.

tributária, na qual a obrigação do empregador para com o FGTS é caracterizada como imposto, taxa ou contribuição social.

Pela teoria tributária, poderia ser, o FGTS, um tributo, das espécies imposto ou taxa. Seria tributo por ser uma "[...] prestação pecuniária, compulsória, exigida em moeda ou valor que nela possa se exprimir, que não se constitua em sanção de ato ilícito, instituída em lei e cobrada mediante atividade administrativa plenamente vinculada".[27]

Das várias críticas que se opõem à caracterização do FGTS como um imposto, vale a pena citar a que diz respeito à destinação dos valores depositados. Os impostos pagos pelos cidadãos servem para a manutenção do Estado, e o retorno dá-se através dos serviços prestados por este à coletividade. Já os valores depositados pelos empregadores a título de FGTS, apesar de serem usados também em prol da coletividade, como em saneamento básico, por exemplo, cada obreiro beneficiado tem o direito de retirar os valores que a ele pertencem para utilizá-los somente em seu proveito, o que não acontece com o imposto. Outrossim, o fato de os valores serem utilizados para políticas públicas não os torna propriedade do Estado, outro fator que difere o FGTS dos impostos.

Quanto à sua definição como taxa, a crítica apoia-se na justificativa de que a taxa consiste em uma contraprestação por um serviço prestado ou disponibilizado pelo Estado aos contribuintes. Em verdade, os depósitos de FGTS não têm destinação específica para serviços que foram ou hão de ser prestados, mas sim para, como anteriormente visto, constituir *patrimônio* do trabalhador, que poderá sacar os valores em determinadas situações.

Sérgio Pinto Martins[28] defende que os depósitos do FGTS se enquadram na denominação de contribuição social. Tem como justificativa o fato de o FGTS ter sido instituído pela União, enquadrando-se na determinação contida no art. 149 da CF o qual está incluído no título VI (Da Tributação e do Orçamento) capítulo I (Do Sistema Tributário Nacional), senão vejamos:

Art. 149. Compete exclusivamente à União instituir contribuições sociais, de intervenção no domínio econômico e de interesse das categorias profissionais

---

[27] Art. 3°. BRASIL. *Lei n° 5.172, de 25 de outubro de 1966*. Dispõe sobre o Sistema Tributário Nacional e institui normas gerais de direito tributário aplicáveis à União, Estados e Municípios. Disponível em: <http://www.planalto.gov.br/ccivil_03/Leis/L5172.htm>. Acesso em: 23 ago. 2012.

[28] MARTINS, Sérgio Pinto. *Manual do FGTS*. 4. ed. São Paulo: Malheiros, 2010, p. 56-59.

ou econômicas, como instrumento de sua atuação nas respectivas áreas, observado o disposto nos arts. 146, III, e 150, I e III, e sem prejuízo do previsto no art. 195, § 6º, relativamente às contribuições a que alude o dispositivo.[29]

Outra justificativa de Sérgio Pinto Martins[30] se baseia no art. 217, inciso IV, do Código Tributário Nacional, o qual preceitua que as disposições do CTN não excluem a exigência e a exigibilidade "da contribuição destinada ao Fundo de Garantia do Tempo de Serviço [...]".[31] Note-se que o próprio CTN trata do FGTS como uma contribuição, exigível pela União, nos termos da lei.

O autor[32] então conclui que a "contribuição" do FGTS é uma obrigação tributária, com os seguintes argumentos:

A contribuição do FGTS seria uma obrigação tributária, uma prestação pecuniária compulsória paga ao ente público, com a finalidade de constituir um fundo econômico para o financiamento do Sistema Financeiro da Habitação. Trata-se de uma contribuição social caracterizada pela sua finalidade, isto é, constituir um fundo para o empregado utilizá-lo nas hipóteses previstas em lei e, ao mesmo tempo, financiar o Sistema Financeiro da Habitação.

Existem, porém, entendimentos de que o FGTS não possui natureza tributária, pois deriva da relação de trabalho, tendo como escopo maior resguardar o trabalhador e não financiar os cofres públicos. Para João da Silva Nery Filho,[33] o FGTS trata-se de um crédito de natureza especialíssima pois, apesar de ser um pagamento imposto pelo Estado como obrigatório para o empregador (pelo menos para a maioria, como se verá em momento oportuno), os depósitos serão feitos em nome e em proveito do empregado, constituindo patrimônio deste, e não receita pública.

---

[29] BRASIL. Constituição (1988). *Constituição da República Federativa do Brasil de 1988*. Disponível em: <http://www.planalto.gov.br/ccivil_03/constituicao/constitui%C3%A7ao.htm>. Acesso em: 22 ago. 2012.

[30] MARTINS, Sérgio Pinto. *Manual do FGTS*. 4. ed. São Paulo: Malheiros, 2010, p. 56-59.

[31] "Art. 217. As disposições desta Lei, notadamente as dos arts 17, 74, § 2º e 77, parágrafo único, bem como a do art. 54 da Lei 5.025, de 10 de junho de 1966, não excluem a incidência e a exigibilidade: [...] IV – da contribuição destinada ao Fundo de Garantia do Tempo de Serviço, criada pelo art. 2º da Lei 5.107, de 13 de setembro de 1966". BRASIL. *Lei nº 5.172, de 25 de outubro de 1966*. Dispõe sobre o Sistema Tributário Nacional e institui normas gerais de direito tributário aplicáveis à União, Estados e Municípios. Disponível em: <http://www.planalto.gov.br/ccivil_03/Leis/L5172.htm>. Acesso em: 23 ago. 2012.

[32] MARTINS, Sérgio Pinto. *Manual do FGTS*. 4. ed. São Paulo: Malheiros, 2010, p. 54.

[33] NERY FILHO, João da Silva. Fundo de garantia por tempo de serviço. *Revista do Tribunal Regional do Trabalho da 18ª Região*, Goiás, ano 3, v. 1, n. 1, p. 31. dez. 2000.

2.3. Quem tem direito ao FGTS

A partir da Constituição Federal de 1988, pelo seu art. 7º, inciso III,[34] passou a ser direito dos trabalhadores, urbanos e rurais, a participação no sistema do FGTS. A norma em comento é geral, deixando a cargo das legislações infraconstitucionais a especificação e caracterização de quem tem ou não direito de participação no instituto.

O § 2º do art. 15 da Lei 8.036/90[35] define trabalhador, para que possa ser beneficiário do Fundo, como "[...] toda pessoa física que prestar serviços a empregador, a locador ou tomador de mão de obra [...]". Assim, pode-se dizer que o direito ao FGTS abarca boa parte dos trabalhadores, ficando excluídos desse regime de garantia os trabalhadores eventuais, os autônomos e os servidores públicos civis e militares sujeitos a regime jurídico próprio, cujas justificativas para essas exclusões serão oportunamente abordadas.

Como exemplos de trabalhadores que se enquadram na definição elencada no art. 15, § 2º, da Lei 8.036/90[36] estão os trabalhadores avulsos, os temporários, os empregados públicos, os técnicos de futebol e também os jogadores de futebol. Cabe referir ainda que os trabalhadores denominados aprendizes também têm direito ao FGTS, porém a alíquota que incidirá sobre a remuneração será de 2%, consoante regra do § 7º do art. 15 da Lei 8.036/90.[37]

O trabalhador avulso, embora não tenha vínculo empregatício com um empregador, também tem direito ao regime do FGTS, o que se justifica, de acordo com Sérgio Pinto Martins,[38] pela hipótese de saque prevista no inciso X do art. 20 da Lei 8.036/90.[39] Se há hipótese de sa-

---

[34] BRASIL. Constituição (1988). *Constituição da República Federativa do Brasil de 1988*. Disponível em: <http://www.planalto.gov.br/ccivil_03/constituicao/constitui%C3%A7ao.htm>. Acesso em: 21 set. 2012.

[35] BRASIL. *Lei nº 8.036, de 11 de maio de 1990*. Dispõe sobre o Fundo de Garantia do Tempo de Serviço, e dá outras providências. Disponível em: <http://www.planalto.gov.br/ccivil_03/leis/l8036consol.htm>. Acesso em: 21 set. 2012.

[36] Idem.

[37] Idem.

[38] MARTINS, Sérgio Pinto. *Manual do FGTS*. 4. ed. São Paulo: Malheiros, 2010, p. 85.

[39] "Art. 20. A conta vinculada do trabalhador no FGTS poderá ser movimentada nas seguintes situações: [...] X – suspensão total do trabalho avulso por período igual ou superior a 90 (noventa) dias, comprovada por declaração do sindicato representativo da categoria profissional". BRASIL. *Lei nº 8.036, de 11 de maio de 1990*. Dispõe sobre o Fundo de Garantia do Tempo de Serviço, e dá outras providências. Disponível em: <http://www.planalto.gov.br/ccivil_03/leis/l8036consol.htm>. Acesso em: 21 set. 2012.

que para essa categoria, obviamente há o direito aos depósitos, que serão realizados pelo sindicato ao qual estiver vinculado o trabalhador.

Os depósitos do trabalhador temporário serão feitos por cada empregador e/ou tomador de serviços que firmarem contrato com aquele, durante o período de vigência do instrumento contratual. Os empregados públicos, que são empregados da Administração Pública direta, porém regidos pela CLT, estão também abrangidos pelo regime do Fundo, cabendo a esta efetuar os depósitos correspondentes. Os atletas e os técnicos de futebol são subordinados aos clubes que os contratam, fazendo jus à participação no regime do FGTS.

Os trabalhadores autônomos e os eventuais são expressamente excluídos do regime do FGTS pela parte final do § 2º do art. 15 da Lei 8.036/90[40] por não terem vínculo de emprego. Os servidores públicos civis e militares também são excluídos do sistema, pois são regidos por lei própria, a 8.112/90, a qual prevê, em seu art. 21,[41] que o trabalhador adquire estabilidade no serviço público após dois anos, prescindo eles de outro sistema, como o FGTS, que lhes proporcione uma garantia por tempo de serviço.

Como bem salienta Eduardo Gabriel Saad,[42] as disposições da lei do FGTS são aplicáveis, indiferentemente, às variadas formas de contrato de trabalho. O que importa é a existência da relação empregatícia, do vínculo entre o empregado, que presta serviços, e o empregador, que paga o salário.

2.3.1. Do empregado doméstico

Não obstante tenha a ultrapassada redação da Carta Constitucional excluído o FGTS dos direitos dos empregados domésticos, ao não elencar no parágrafo único do art. 7º[43] tal direito, preceitua o § 3º do

---

[40] BRASIL. *Lei nº 8.036, de 11 de maio de 1990.* Dispõe sobre o Fundo de Garantia do Tempo de Serviço, e dá outras providências. Disponível em: <http://www.planalto.gov.br/ccivil_03/leis/l8036consol.htm>. Acesso em: 21 set. 2012.

[41] BRASIL. *Lei nº 8.112, de 11 de dezembro de 1990.* Dispõe sobre o regime jurídico dos servidores públicos civis da União, das autarquias e das fundações públicas federais. Disponível em: <http://www.planalto.gov.br/ccivil_03/leis/L8112cons.htm>. Acesso em: 23 ago. 2012.

[42] SAAD, Eduardo Gabriel. *Comentários à lei do fundo de garantia do tempo de serviço*: Lei 8.036, de 11.5.90. 3. ed. São Paulo: LTr, 1995, p. 256.

[43] BRASIL. Constituição (1988). *Constituição da República Federativa do Brasil de 1988.* Disponível em: <http://www.planalto.gov.br/ccivil_03/constituicao/constitui%C3%A7ao.htm>. Acesso em: 21 set. 2012.

art. 15 da Lei 8.036/90[44] que: "Os trabalhadores domésticos poderão ter acesso ao regime do FGTS, na forma que vier a ser prevista em lei". Da mesma forma, dispõem os artigos 3º-A da Lei 5.859/72[45] e 1º do Decreto 3.361/00.[46] Assim, fala-se em facultatividade que tem o empregador doméstico de incluir ou não o seu empregado no sistema do FGTS.

Todavia, a situação acima explanada foi modificada com a promulgação da Emenda Constitucional nº 72,[47] que assegura a obrigatoriedade de inclusão dos trabalhadores domésticos no sistema do FGTS. A nova Emenda Constitucional "[...] equipara os direitos trabalhistas dos empregados domésticos aos dos trabalhadores formais. Com a mudança os trabalhadores domésticos passam a ter garantidos direitos como salário-mínimo, férias proporcionais, horas extras, adicional noturno e o FGTS [...]".[48] Assim, os depósitos do FGTS para essa classe de trabalhadores não são mais facultativos, e sim, obrigatórios.

Diante da ultrapassada faculdade de inclusão do empregado doméstico ao sistema do Fundo, quem realizava a opção era o empre-

---

[44] BRASIL. *Lei nº 8.036, de 11 de maio de 1990*. Dispõe sobre o Fundo de Garantia do Tempo de Serviço, e dá outras providências. Disponível em: <http://www.planalto.gov.br/ccivil_03/leis/l8036consol.htm>. Acesso em: 21 set. 2012.

[45] "Art. 3º-A. É facultada a inclusão do empregado doméstico no Fundo de Garantia do Tempo de Serviço – FGTS, de que trata a Lei no 8.036, de 11 de maio de 1990, mediante requerimento do empregador, na forma do regulamento". BRASIL. *Lei nº 5.859, de 11 de dezembro de 1972*. Dispõe sobre a profissão de empregado doméstico e dá outras providências. Disponível em: <http://www.planalto.gov.br/ccivil_03/leis/L5859.htm>. Acesso em: 21 set. 2012.

[46] "Art. 1º O empregado doméstico poderá ser incluído no Fundo de Garantia do Tempo de Serviço – FGTS, de que trata a Lei no 8.036, de 11 de maio de 1990, mediante requerimento do empregador, a partir da competência março do ano 2000". BRASIL. *Decreto nº 3.361 de 10 de fevereiro de 2000*. Regulamenta dispositivos da Lei no 5.859, de 11 de dezembro de 1972, que dispõe sobre a profissão de empregado doméstico, para facultar o acesso do empregado doméstico ao Fundo de Garantia do Tempo de Serviço – FGTS e ao Programa do Seguro-Desemprego. Disponível em: <http://www.jusbrasil.com.br/legislacao/101785/decreto-3361-00>. Acesso em: 21 set. 2012.

[47] BRASIL. *Emenda constitucional nº 72, de 2 de abril de 2013*. Altera a redação do parágrafo único do art. 7º da Constituição Federal para estabelecer a igualdade de direitos trabalhistas entre os trabalhadores domésticos e os demais trabalhadores urbanos e rurais. Disponível em: <http://www.planalto.gov.br/ccivil_03/constituicao/Emendas/Emc/emc72.htm>. Acesso em: 01 abr. 2013.

[48] BRASIL. Ministério do Trabalho. PEC das domésticas é aprovada Senado aprova em segundo turno PEC nº 66 que equipara direitos das domésticas a dos outros trabalhadores. Texto segue para promulgação. *Portal do Trabalho e Emprego*, Brasília, 27 mar. 2013. Disponível em: <http://portal.mte.gov.br/imprensa/pec-das-domesticas-e-aprovada/palavrachave/pec-domesticas-pec-66-direitos-trabalhistas-domesticas.htm>. Acesso em: 01 abr. 2013.

gador, sendo o FGTS, nas palavras de Rodrigo Lychowski,[49] um "[...] direito potestativo anômalo". Todavia, uma vez incluído o empregado no sistema, a partir da realização do primeiro depósito, o empregador não podia mais retratar-se da opção,[50] ficando obrigado aos depósitos durante toda a vigência do contrato de trabalho, nos moldes das disposições da lei que versa sobre o FGTS[51] (a irretratabilidade refere-se apenas aos contratos nos quais tenha havido a opção).[52]

A facultatividade do regime do Fundo de Garantia aos empregados domésticos foi de grande polêmica na doutrina brasileira, agregando adeptos nas duas correntes: a da inconstitucionalidade e a da constitucionalidade da opção ao FGTS para essa categoria. O direito já era concedido ao trabalhador, porém quem escolhia se ele ia ou não usufruir desse direito era o empregador, sendo o "[...] ato de inclusão do empregado de natureza unilateral e expressa verdadeiro exercício de potestade do empregador".[53]

Quanto à obrigatoriedade dos próximos depósitos, após a inclusão, e a irretratabilidade a que se sujeitava o empregador após optar por incluir seu empregado doméstico no sistema do FGTS, posiciona-se Sérgio Pinto Martins[54] de forma contrária ao que estipula o § 2º do Decreto 3.361/00,[55] tendo como justificativa o fato de a irretratabilidade só poder ser estipulada por lei, e não, por decreto:

---

[49] LYCHOWSKI, Rodrigo. Extensão facultativa do FGTS aos empregados domésticos: análise da constitucionalidade e da efetividade da Lei nº 10.208, de 23 de março de 2001. *Revista do Tribunal Regional do Trabalho – 1ª Região*, Rio de Janeiro, n. 33, p. 60, jan./abr. 2003.

[50] "Art. 2º A inclusão do empregado doméstico no FGTS é irretratável com relação ao respectivo vínculo contratual e sujeita o empregador às obrigações e penalidades previstas na Lei no 8.036, de 1990". BRASIL. *Decreto nº 3.361 de 10 de fevereiro de 2000*. Regulamenta dispositivos da Lei no 5.859, de 11 de dezembro de 1972, que dispõe sobre a profissão de empregado doméstico, para facultar o acesso do empregado doméstico ao Fundo de Garantia do Tempo de Serviço – FGTS e ao Programa do Seguro-Desemprego. Disponível em: <http://www.jusbrasil.com.br/ legislacao/101785/decreto-3361-00>. Acesso em: 21 set. 2012.

[51] BRASIL. *Lei nº 8.036, de 11 de maio de 1990*. Dispõe sobre o Fundo de Garantia do Tempo de Serviço, e dá outras providências. Disponível em: <http://www.planalto.gov.br/ccivil_03/leis/ l8036consol.htm>. Acesso em: 21 set. 2012.

[52] MOREIRA, Eliana dos Santos Alves; GIORDANI, Francisco Alberto da Motta Peixoto. O fundo de garantia do tempo de serviço. In: PEIXOTO, Francisco Alberto da Motta; MARTINS, Melchíades Rodrigues; VIDOTTI, Tarceio José (Coord.). *Fundamentos do direito do trabalho, estudos em homenagem ao Ministro Milton de Moura França*. São Paulo: LTr, 2000, p. 589.

[53] CAMINO, Carmen. *Direito individual do trabalho*. 4. ed. Porto Alegre, Síntese, 2004, p. 547.

[54] MARTINS, Sérgio Pinto. *Manual do FGTS*. 4. ed. São Paulo: Malheiros, 2010, p. 96.

[55] BRASIL. *Decreto nº 3.361 de 10 de fevereiro de 2000*. Regulamenta dispositivos da Lei no 5.859, de 11 de dezembro de 1972, que dispõe sobre a profissão de empregado doméstico, para facultar o acesso do empregado doméstico ao Fundo de Garantia do Tempo de Serviço – FGTS e ao

Não se pode dizer que a inclusão do empregado doméstico no FGTS é irretratável, pois o depósito do FGTS é facultativo e não obrigatório. Assim, nada impede que o empregador deixe de pagar o FGTS no curso do contrato de trabalho, pois a lei não determina penalidades, que não podem ser fixadas por decreto. É a aplicação do princípio da legalidade, contido no inciso II do art. 5º da Constituição. Nesse ponto, o decreto é ilegal, por ir além da norma legal. Efetivando o primeiro depósito, o empregador poderá deixar de fazer outros, pois o regime é facultativo e não há penalidade na lei determinando multa por seu descumprimento. [...] Em Direito, uma coisa não pode ser e deixar de ser ao mesmo tempo. Ou é ou não é. Não existe meio-termo. Assim, não pode ser uma faculdade, que fica à opção do empregador ou uma obrigação compulsória, em que, a partir do primeiro pagamento, o empregador não pode deixar de depositar o FGTS [...].

Como já assinalado, o Projeto de Emenda Constitucional (PEC) n° 478/2010, que estava em tramitação no Congresso Nacional, foi promulgado no dia 02 de abril de 2013. A Emenda Constitucional,[56] que leva o n° 72, garantiu, entre outros direitos, a obrigatoriedade de inclusão dos trabalhadores domésticos no sistema do FGTS. Entretanto, o direito ao FGTS não será efetivado de imediato[57] pois depende de lei regulamentadora.

2.3.2. Do diretor não empregado

De acordo com o art. 16 da Lei 8.036/90,[58] os diretores não empregados das empresas sujeitas ao regime da legislação trabalhista poderão ser equiparados aos trabalhadores sujeitos ao FGTS. O referido artigo ainda define o diretor não empregado como "[...] aquele que

---

Programa do Seguro-Desemprego. Disponível em: <http://www.jusbrasil.com.br/legislacao/101785/decreto-3361-00>. Acesso em: 21 set. 2012.

[56] BRASIL. *Emenda constitucional n° 72, de 2 de abril de 2013*. Altera a redação do parágrafo único do art. 7º da Constituição Federal para estabelecer a igualdade de direitos trabalhistas entre os trabalhadores domésticos e os demais trabalhadores urbanos e rurais. Disponível em: <http://www.planalto.gov.br/ccivil_03/constituicao/Emendas/Emc/emc72.htm>. Acesso em: 01 abr. 2013.

[57] DEPARTAMENTO INTERSINDICAL DE ASSESSORIA PARLAMENTAR – DIAP. PEC das domésticas aprovada em 2° turno; vai à promulgação. Brasília, 26 mar. 2013. Disponível em: <http://www.diap.org.br/index.php?option=com_content&view=article&id=21927:senado-aprova-pec-das-domesticas-em-2-turno-texto-vai-a-promulgacao&catid=45:agencia-diap&Itemid=204>. Acesso em: 01 abr. 2013.

[58] BRASIL. *Lei n° 8.036, de 11 de maio de 1990*. Dispõe sobre o Fundo de Garantia do Tempo de Serviço, e dá outras providências. Disponível em: <http://www.planalto.gov.br/ccivil_03/leis/l8036consol.htm>. Acesso em: 21 set. 2012.

exerça cargo de administração previsto em lei, estatuto ou contrato social, independente da denominação do cargo".

Trata-se, portanto, de outra faculdade prevista pela lei, abrangendo agora os diretores não empregados, que terão direito aos depósitos do Fundo. Acrescenta Sérgio Pinto Martins[59] que o diretor proprietário também está incluído no conceito de diretor não empregado, podendo também ser beneficiário do sistema. Ainda, o art. 7° do Decreto n° 99.684/90[60] elenca que aos diretores não empregados de empresas públicas e sociedades controladas direta ou indiretamente pela União também pode ser estendido o benefício do FGTS.

Embora possam ser equiparados aos demais trabalhadores e, como eles, serem beneficiados pelo sistema do FGTS, não fazem jus à indenização de 40% sobre os depósitos do Fundo. Isso acontece, como ilustra Eduardo Gabriel Saad,[61] porque a Lei 8.036/90[62] só prevê a indenização quando há contrato de trabalho, o que não acontece no caso do diretor não empregado.

2.4. Funcionamento

De acordo com o art. 2° da Lei 8.036/90,[63] o FGTS é composto pelos saldos das contas vinculadas, abertas pelos empregadores em nome de seus empregados, em que aqueles depositam, mensalmente, o equivalente a 8% da remuneração destes.[64] Compõem também o Fundo os resultados das aplicações dos depósitos, as dotações orçamentárias específicas, as multas, correção monetária e juros moratórios arrecadados, além de outras receitas.[65]

---

[59] MARTINS, Sérgio Pinto. *Manual do FGTS*. 4. ed. São Paulo: Malheiros, 2010, p. 89.

[60] BRASIL. *Decreto n° 99.684, de 8 de novembro de 1990*. Consolida as normas regulamentares do Fundo de Garantia do Tempo de Serviço (FGTS). Disponível em: <http://www.planalto.gov.br/ ccivil_03/decreto/D99684.htm>. Acesso em: 21 set. 2012.

[61] SAAD, Eduardo Gabriel. *Comentários à lei do fundo de garantia do tempo de serviço*. 3. ed. São Paulo: LTr, 1995, p. 366.

[62] BRASIL. *Lei n° 8.036, de 11 de maio de 1990*. Dispõe sobre o Fundo de Garantia do Tempo de Serviço, e dá outras providências. Disponível em: <http://www.planalto.gov.br/ccivil_03/leis/l8036consol.htm>. Acesso em: 22 set. 2012.

[63] Idem.

[64] Idem.

[65] SILVA, Eduardo de Azevedo. Fundo de garantia do tempo de serviço e prescrição. *Trabalho & Doutrina*, São Paulo, n. 17, jun. 1998.

A partir da Constituição Federal brasileira de 1988, o FGTS é o regime único e obrigatório a todos os empregadores (excetuados os casos excepcionais, que já foram abordados), por se tratar de direito dos trabalhadores urbanos e rurais. Quando o empregado é contratado, o empregador abre, em nome daquele, uma conta no Fundo, que será vinculada à Caixa Econômica Federal (CEF), na qual serão feitos os depósitos. Cabe ilustrar que uma vez aberta a conta, esta será usada também pelos próximos empregadores, que realizarão a abertura de conta vinculada a esta, permanecendo os depósitos em nome do empregado. Em verdade, "A individualização de cada uma das contas vinculadas é apenas um registro: para cada empregado há um controle dos valores depositados a cada mês".[66]

Estipula o art. 17 da Lei 8.036/90[67] que é obrigação do empregador informar ao empregado, mensalmente, o valor do recolhimento. Como bem refere Eduardo Gabriel Saad,[68] "O mês em que o empregador deixar de informar ao empregado o *quantum* do recolhimento feito ao Fundo, ter-se-á o primeiro indício – e dos mais veementes – de que se acha inadimplente em face da Lei 8.036/90". Ainda, a Caixa Econômica Federal disponibiliza os extratos das contas vinculadas a seus titulares por meio de informativo enviado pelos Correios ou em uma de suas agências, quando requerido. Sobre esse sistema de informação, Eliana S. A. Nogueira e Francisco A. M. P. Giordani[69] prelecionam que a melhor fiscalização do saldo é aquela feita pelo trabalhador:

> É importante ressaltar que todo o sistema do FGTS está assentado no direito à informação. O empregado vê em seu contracheque o valor que será depositado em sua conta vinculada, mas, sem efetiva fiscalização e controle de sua conta, o valor pode, simplesmente, ser ignorado pelo empregador.

---

[66] SILVA, Eduardo de Azevedo. Fundo de garantia do tempo de serviço e prescrição. *Trabalho & Doutrina*, São Paulo, n. 17, p. 66, jun. 1998.

[67] BRASIL. *Lei nº 8.036, de 11 de maio de 1990*. Dispõe sobre o Fundo de Garantia do Tempo de Serviço, e dá outras providências. Disponível em: <http://www.planalto.gov.br/ccivil_03/leis/l8036 consol.htm>. Acesso em: 23 ago. 2012.

[68] SAAD, Eduardo Gabriel. *Comentários à lei do fundo de garantia do tempo de serviço:* Lei 8.036, de 11.5.90. 3. ed. São Paulo: LTr, 1995, p. 378.

[69] MOREIRA, Eliana dos Santos Alves; GIORDANI, Francisco Alberto da Motta Peixoto. O fundo de garantia do tempo de serviço. In: PEIXOTO, Francisco Alberto da Motta; MARTINS, Melchíades Rodrigues; VIDOTTI, Tarceio José (Coord.). *Fundamentos do direito do trabalho, estudos em homenagem ao Ministro Milton de Moura França*. São Paulo: LTr, 2000, p. 590.

Embora os recursos do FGTS não sejam considerados receita pública, cabe ao Estado a sua administração como fiel depositário.[70] Na sistemática do Instituto, a relação é triangular:[71] o Fundo é credor em relação ao empregador e devedor em relação ao empregado. Da mesma forma, leciona Luiz Eduardo Guimarães Bojart.[72]

2.4.1. Depósitos

Como já mencionado, os depósitos na conta vinculada, de acordo com o art. 15 da Lei 8.036/90,[73] terão o valor equivalente a 8% da remuneração (todas as parcelas de natureza salarial referidas nos artigos 457[74] e 458[75] da CLT) paga ou devida ao trabalhador no mês imediatamente anterior e poderão ser feitos até o dia 7 do mês subsequente ao vencido. Como lembra Francisco Antônio de Olivei-

---

[70] RECURSOS do FGTS. Natureza jurídica. *Boletim de Direito Administrativo*, Pará, ano 14, n. 9, p. 582, set. 1998.

[71] SILVA, Eduardo de Azevedo. Fundo de garantia do tempo de serviço e prescrição. *Trabalho & Doutrina*, São Paulo, n. 17, jun. 1998.

[72] "[...] O empregador é devedor do Fundo, de que o empregado é credor [...]". BOJART, Luiz Eduardo Guimarães. O Fundo de garantia do tempo de serviço. *Jornal trabalhista*, Brasília, n. 587, p. 1345, dez. 1995.

[73] "Art. 15. Para os fins previstos nesta lei, todos os empregadores ficam obrigados a depositar, até o dia 7 (sete) de cada mês, em conta bancária vinculada, a importância correspondente a 8 (oito) por cento da remuneração paga ou devida, no mês anterior, a cada trabalhador, incluídas na remuneração as parcelas de que tratam os arts. 457 e 458 da CLT e a gratificação de Natal a que se refere a Lei nº 4.090, de 13 de julho de 1962, com as modificações da Lei nº 4.749, de 12 de agosto de 1965". BRASIL. *Lei nº 8.036, de 11 de maio de 1990.* Dispõe sobre o Fundo de Garantia do Tempo de Serviço, e dá outras providências. Disponível em: <http://www.planalto.gov.br/ccivil_03/leis/l8036consol.htm>. Acesso em: 23 ago. 2012.

[74] "Art. 457. Compreendem-se na remuneração do empregado, para todos os efeitos legais, além do salário devido e pago diretamente pelo empregador, como contraprestação do serviço, as gorjetas que receber. (Redação dada pela Lei nº 1.999, de 1.10.1953). § 1º Integram o salário não só a importância fixa estipulada, como também as comissões, percentagens, gratificações ajustadas, diárias para viagens e abonos pagos pelo empregador. (Redação dada pela Lei nº 1.999, de 1.10.1953). § 2º Não se incluem nos salários as ajudas de custo, assim como as diárias para viagem que não excedam de 50% (cinqüenta por cento) do salário percebido pelo empregado. (Redação dada pela Lei nº 1.999, de 1.10.1953)." BRASIL. *Decreto-lei nº 5.452, de 1º de maio de 1943 [CLT]*. Aprova a Consolidação das Leis do Trabalho. Disponível em: <http://www.planalto.gov.br/ccivil_03/decreto-lei/del5452.htm>. Acesso em: 25 ago. 2012.

[75] "Art. 458. Além do pagamento em dinheiro, compreende-se no salário, para todos os efeitos legais, a alimentação, habitação, vestuário ou outras prestações 'in natura' que a empresa, por fôrça do contrato ou do costume, fornecer habitualmente ao empregado. Em caso algum será permitido o pagamento com bebidas alcoólicas ou drogas nocivas". BRASIL. *Decreto-lei nº 5.452, de 1º de maio de 1943 [CLT]*. Aprova a Consolidação das Leis do Trabalho. Disponível em: <http://www.planalto.gov.br/ccivil_03/decreto-lei/del5452.htm>. Acesso em: 25 ago. 2012.

ra,[76] "A ausência de depósito resultará nas consequências do art. 22[77] e respectivos parágrafos e incisos". "Entenda-se por conta vinculada a conta pessoal de cada empregado ou dos diretores não empregados, aberta pela empresa na Caixa Econômica Federal, junto ('vinculada') ao FGTS".[78] Importante ressaltar que as contas vinculadas são absolutamente impenhoráveis, conforme se verifica da redação do § 2º do art. 2º da Lei 8.036/90.[79]

Dispõe também o § 7º do art. 15 da Lei 8.036/90[80] que nos contratos de aprendizagem, o percentual a ser depositado pelo empregador será de 2% sobre o salário, seguindo as demais regras do mesmo dispositivo legal. A entrega dos valores diretamente ao empregado não é permitida, pois na redação do *caput* do art. 15 da Lei 8.036/90[81] consta expressamente a obrigatoriedade do depósito.

Também deverão ser efetuados os depósitos nos períodos em que o empregado esteja afastado do serviço, por força de lei ou acordo entre as partes, nas chamadas suspensões contratuais. Alguns exemplos dessas situações são o afastamento do empregado para

---

[76] OLIVEIRA, Francisco Antonio de. *Curso de direito do trabalho*. São Paulo: LTr, 2011, p. 953.

[77] "Art. 22. O empregador que não realizar os depósitos previstos nesta Lei, no prazo fixado no art. 15, responderá pela incidência da Taxa Referencial – TR sobre a importância correspondente. (Redação dada pela Lei nº 9.964, de 2000) § 1º Sobre o valor dos depósitos, acrescido da TR, incidirão, ainda, juros de mora de 0,5% a.m. (cinco décimos por cento ao mês) ou fração e multa, sujeitando-se, também, às obrigações e sanções previstas no Decreto-Lei no 368, de 19 de dezembro de 1968. (Redação dada pela Lei nº 9.964, de 2000) § 2º A incidência da TR de que trata o caput deste artigo será cobrada por dia de atraso, tomando-se por base o índice de atualização das contas vinculadas do FGTS. (Redação dada pela Lei nº 9.964, de 2000) § 2º-A. A multa referida no § 1o deste artigo será cobrada nas condições que se seguem: (Incluído pela Lei nº 9.964, de 2000) I – 5% (cinco por cento) no mês de vencimento da obrigação; (Incluído pela Lei nº 9.964, de 2000) II – 10% (dez por cento) a partir do mês seguinte ao do vencimento da obrigação. (Incluído pela Lei nº 9.964, de 2000) § 3º Para efeito de levantamento de débito para com o FGTS, o percentual de 8% (oito por cento) incidirá sobre o valor acrescido da TR até a data da respectiva operação". (Redação dada pela Lei nº 9.964, de 2000). BRASIL. *Lei nº 8.036, de 11 de maio de 1990*. Dispõe sobre o Fundo de Garantia do Tempo de Serviço, e dá outras providências. Disponível em: <http://www.planalto. gov.br/ccivil_ 03/leis/l8036consol. htm>. Acesso em: 15 out. 2012.

[78] CAMINO, Carmen. *Direito individual do trabalho*. 4. ed. Porto Alegre: Síntese, 2004, p. 551.

[79] BRASIL. *Lei nº 8.036, de 11 de maio de 1990*. Dispõe sobre o Fundo de Garantia do Tempo de Serviço, e dá outras providências. Disponível em: <http://www.planalto.gov.br/ccivil_03/leis/l8036consol.htm>. Acesso em: 15 out. 2012.

[80] Idem.

[81] Idem.

prestar o serviço militar obrigatório, para gozar as férias e a licença-maternidade.[82]

2.4.2. Administração

O FGTS é administrado pelo Conselho Curador, ao qual cabe fixar normas e diretrizes que o regem.[83] "É a instância máxima de gestão e administração do FGTS".[84] O Conselho é órgão tripartite, constituído por representantes dos trabalhadores, representantes dos empregadores e representantes do governo. "A representação paritária de empregados e empregadores atende à disposição do art.10 da Constituição Federal, onde é assegurada a participação nos colegiados dos órgãos públicos em que seus interesses sejam objeto de discussão e deliberação".[85] No total, é formado por onze membros, como citado por Eduardo de Azevedo Silva:[86]

> A administração desse fundo compete ao Conselho Curador, que é composto por onze membros, assim distribuídos: a) três representantes dos trabalhadores, indicados pela categoria e nomeados pelo Ministro do Trabalho e da Previdência Social; b) três representantes dos empregadores, indicados pela categoria e nomeados pelo Ministro do Trabalho e da Previdência Social; c) um representante do Ministério da Economia, Fazenda e Planejamento – que é o Ministro; d) um representante do Ministério do Trabalho e da Previdência Social – que é o Ministro *e é quem exerce a presidência*; e) um representante do Ministério da Ação Social – que é o Ministro; f) um representante da Caixa Econômica Federal – o seu Presidente; e h) um representante do Banco Central do Brasil – o seu Presidente.

---

[82] MOREIRA, Eliana dos Santos Alves; GIORDANI, Francisco Alberto da Motta Peixoto. O fundo de garantia do tempo de serviço. In: PEIXOTO, Francisco Alberto da Motta; MARTINS, Melchíades Rodrigues; VIDOTTI, Tarceio José (Coord.). *Fundamentos do direito do trabalho, estudos em homenagem ao Ministro Milton de Moura França*. São Paulo: LTr, 2000, p. 597.

[83] Art. 3º. BRASIL. *Lei nº 8.036, de 11 de maio de 1990*. Dispõe sobre o Fundo de Garantia do Tempo de Serviço, e dá outras providências. Disponível em: <http://www.planalto.gov.br/ccivil_03/leis/l8036consol.htm>. Acesso em: 7 out. 2012.

[84] ALEXANDRINO, Marcelo. *Direito do trabalho*. 9. ed. Rio de Janeiro: Impetus, 2006, p. 243.

[85] CAMINO, Carmen. *Direito individual do trabalho*. 4. ed. Porto Alegre: Síntese, 2004, p. 550.

[86] SILVA, Eduardo de Azevedo. Fundo de garantia do tempo de serviço e prescrição. *Trabalho & Doutrina*, São Paulo, n. 17, p. 66, jun. 1998.

As atribuições do Conselho estão dispostas nos incisos do art. 5º da Lei 8.036/90.[87] Os possíveis representantes dos trabalhadores, e seus respectivos suplentes, serão indicados pelas centrais sindicais, e o Ministro do Trabalho nomeará, para compor o Conselho, três representantes e respectivos suplentes. Da mesma forma ocorre com os representantes, mais os suplentes, dos empregadores.[88] Terão mandato de dois anos, com direito a uma recondução. Dispõe o § 1º do art. 3º da Lei 8.036/90[89]

---

[87] "Art. 5º Ao Conselho Curador do FGTS compete: I – estabelecer as diretrizes e os programas de alocação de todos os recursos do FGTS, de acordo com os critérios definidos nesta lei, em consonância com a política nacional de desenvolvimento urbano e as políticas setoriais de habitação popular, saneamento básico e infra-estrutura urbana estabelecidas pelo Governo Federal; II – acompanhar e avaliar a gestão econômica e financeira dos recursos, bem como os ganhos sociais e o desempenho dos programas aprovados; III – apreciar e aprovar os programas anuais e plurianuais do FGTS; IV – pronunciar-se sobre as contas do FGTS, antes do seu encaminhamento aos órgãos de controle interno para os fins legais; V – adotar as providências cabíveis para a correção de atos e fatos do Ministério da Ação Social e da Caixa Econômica Federal, que prejudiquem o desempenho e o cumprimento das finalidades no que concerne aos recursos do FGTS; VI – dirimir dúvidas quanto à aplicação das normas regulamentares, relativas ao FGTS, nas matérias de sua competência; VII – aprovar seu regimento interno; VIII – fixar as normas e valores de remuneração do agente operador e dos agentes financeiros; IX – fixar critérios para parcelamento de recolhimentos em atraso; X – fixar critério e valor de remuneração para o exercício da fiscalização; XI – divulgar, no Diário Oficial da União, todas as decisões proferidas pelo Conselho, bem com as contas do FGTS e os respectivos pareceres emitidos. XII – fixar critérios e condições para compensação entre créditos do empregador, decorrentes de depósitos relativos a trabalhadores não optantes, com contratos extintos, e débitos resultantes de competências em atraso, inclusive aqueles que forem objeto de composição de dívida com o FGTS. (Incluído pela Lei nº 9.711, de 1998) XIII (Vide Medida Provisória nº 349, de 2007) XIII – em relação ao Fundo de Investimento do Fundo de Garantia do Tempo de Serviço – FI-FGTS: (Incluído pela Lei nº 11.491, de 2007) a) aprovar a política de investimento do FI-FGTS por proposta do Comitê de Investimento; (Incluído pela Lei nº 11.491, de 2007) b) decidir sobre o reinvestimento ou distribuição dos resultados positivos aos cotistas do FI-FGTS, em cada exercício; (Incluído pela Lei nº 11.491, de 2007) c) definir a forma de deliberação, de funcionamento e a composição do Comitê de Investimento; (Incluído pela Lei nº 11.491, de 2007) d) estabelecer o valor da remuneração da Caixa Econômica Federal pela administração e gestão do FI-FGTS, inclusive a taxa de risco; (Incluído pela Lei nº 11.491, de 2007) e) definir a exposição máxima de risco dos investimentos do FI-FGTS; (Incluído pela Lei nº 11.491, de 2007) f) estabelecer o limite máximo de participação dos recursos do FI-FGTS por setor, por empreendimento e por classe de ativo, observados os requisitos técnicos aplicáveis; (Incluído pela Lei nº 11.491, de 2007) g) estabelecer o prazo mínimo de resgate das cotas e de retorno dos recursos à conta vinculada, observado o disposto no § 19 do art. 20 desta Lei; (Incluído pela Lei nº 11.491, de 2007 h) aprovar o regulamento do FI-FGTS, elaborado pela Caixa Econômica Federal; e (Incluído pela Lei nº 11.491, de 2007) i) autorizar a integralização de cotas do FI-FGTS pelos trabalhadores, estabelecendo previamente os limites globais e individuais, parâmetros e condições de aplicação e resgate. (Incluído pela Lei nº 11.491, de 2007)". BRASIL. *Lei nº 8.036, de 11 de maio de 1990*. Dispõe sobre o Fundo de Garantia do Tempo de Serviço, e dá outras providências. Disponível em: <http://www.planalto.gov.br/ccivil_03/leis/l8036consol.htm>. Acesso em: 7 out. 2012.

[88] Art. 3º, § 3º. BRASIL. *Lei nº 8.036, de 11 de maio de 1990*. Dispõe sobre o Fundo de Garantia do Tempo de Serviço, e dá outras providências. Disponível em: <http://www.planalto.gov.br/ccivil_03/ leis/l8036consol.htm>. Acesso em: 7 out. 2012.

[89] BRASIL. *Lei nº 8.036, de 11 de maio de 1990*. Dispõe sobre o Fundo de Garantia do Tempo de Serviço, e dá outras providências. Disponível em: <http://www.planalto.gov.br/ccivil_03/leis/ l8036consol.htm>. Acesso em: 7 out. 2012.

que "A presidência do Conselho Curador será exercida pelo representante do Ministério do Trabalho e da Previdência Social".

Ainda, encontra-se o Ministério do Planejamento e Orçamento[90] na qualidade de gestor e aplicador dos recursos do Fundo. Suas atribuições estão dispostas no art. 6º da Lei 8.036/90.[91]

2.4.2.1. Estabilidade temporária dos representantes dos trabalhadores do conselho curador

Os representantes dos trabalhadores que compõem o Conselho Curador do FGTS (titulares e suplentes) terão garantida a estabilidade no emprego pelo período que vai da nomeação até um ano após o término do mandato de representação.[92] Desta forma, só poderão ser despedidos quando incorrerem em falta grave, devidamente apurada através de inquérito judicial, cujo procedimento vem previsto no art. 494 da CLT.[93]

2.4.3. Agente operador

A Caixa Econômica Federal é o agente operador do FGTS, o qual tem a incumbência de recolher os depósitos feitos pelos empregado-

---

[90] MARTINS, Sérgio Pinto. *Manual do FGTS*. 4. ed. São Paulo: Atlas, 2010, p. 71.

[91] "Art. 6º Ao Ministério da Ação Social, na qualidade de gestor da aplicação do FGTS, compete: I – praticar todos os atos necessários à gestão da aplicação do Fundo, de acordo com as diretrizes e programas estabelecidos pelo Conselho Curador; II – expedir atos normativos relativos à alocação dos recursos para implementação dos programas aprovados pelo Conselho Curador; III – elaborar orçamentos anuais e planos plurianuais de aplicação dos recursos, discriminando-os por Unidade da Federação, submetendo-os até 31 de julho ao Conselho Curador do Fundo; IV – acompanhar a execução dos programas de habitação popular, saneamento básico e infra-estrutura urbana, decorrentes de aplicação de recursos do FGTS, implementados pela CEF; V – submeter à apreciação do Conselho Curador as contas do FGTS; VI – subsidiar o Conselho Curador com estudos técnicos necessários ao aprimoramento operacional dos programas de habitação popular, saneamento básico e infra-estrutura urbana; VII – definir as metas a serem alcançadas nos programas de habitação popular, saneamento básico e infra-estrutura urbana". BRASIL. *Lei nº 8.036, de 11 de maio de 1990*. Dispõe sobre o Fundo de Garantia do Tempo de Serviço, e dá outras providências. Disponível em: <http://www.planalto. gov.br/ccivil_03/ leis/l8036consol.htm>. Acesso em: 8 out. 2012.

[92] Art. 3º, § 9º. BRASIL. *Lei nº 8.036, de 11 de maio de 1990*. Dispõe sobre o Fundo de Garantia do Tempo de Serviço, e dá outras providências. Disponível em: <http://www.planalto.gov.br/ccivil_03/ leis/l8036consol.htm>. Acesso em: 8 out. 2012.

[93] "Art. 494 – O empregado acusado de falta grave poderá ser suspenso de suas funções, mas a sua despedida só se tornará efetiva após o inquérito e que se verifique a procedência da acusação." BRASIL. *Decreto-lei nº 5.452, de 1º de maio de 1943 [CLT]*. Aprova a Consolidação das Leis do Trabalho. Disponível em: <http://www.planalto.gov.br/ccivil_03/decreto-lei/del5452.htm>. Acesso em: 8 out. 2012.

res. Em verdade, o agente operador vai reunir a totalidade dos recursos do Fundo e colocar à disposição do Conselho Curador, pois outros estabelecimentos bancários podem ser agentes recebedores (os valores recebidos serão transferidos para a CEF) e pagadores do FGTS e por esse serviço receberão tarifa, que será fixada pelo Conselho Curador.[94] As incumbências da CEF na qualidade de agente operador estão dispostas nos incisos do art. 7º da Lei 8.036/90.[95]

2.4.4. *Utilização dos recursos do Fundo*

Segundo Bismarck Duarte Diniz,[96] "O trabalhador tinha e tem a posse indireta do seu FGTS, mas a posse direta e a sua administração são da exclusiva alçada (portanto, arbítrio) do Governo, como se fosse o seu proprietário e não mero detentor". Esse entendimento deriva da sistemática de aplicação dos valores (recursos) do FGTS, que "[...] poderão ser realizadas diretamente pela CEF e pelos demais órgãos integrantes do Sistema Financeiro de Habitação – SFH [...]".[97]

---

[94] Art. 12. BRASIL. *Lei nº 8.036, de 11 de maio de 1990.* Dispõe sobre o Fundo de Garantia do Tempo de Serviço, e dá outras providências. Disponível em: <http://www.planalto.gov.br/ccivil_03/leis/l8036consol.htm>. Acesso em: 7 out. 2012.

[95] "Art. 7º À Caixa Econômica Federal, na qualidade de agente operador, cabe: I – centralizar os recursos do FGTS, manter e controlar as contas vinculadas, e emitir regularmente os extratos individuais correspondentes às contas vinculadas e participar da rede arrecadadora dos recursos do FGTS; II – expedir atos normativos referentes aos procedimentos adiministrativo-operacionais dos bancos depositários, dos agentes financeiros, dos empregadores e dos trabalhadores, integrantes do sistema do FGTS; III – definir os procedimentos operacionais necessários à execução dos programas de habitação popular, saneamento básico e infra-estrutura urbana, estabelecidos pelo Conselho Curador com base nas normas e diretrizes de aplicação elaboradas pelo Ministério da Ação Social; IV – elaborar as análises jurídica e econômico-financeira dos projetos de habitação popular, infra estrutura urbana e saneamento básico a serem financiados com recursos do FGTS; V – emitir Certificado de Regularidade do FGTS; VI – elaborar as contas do FGTS, encaminhando-as ao Ministério da Ação Social; VII – implementar os atos emanados do Ministério da Ação Social relativos à alocação e aplicação dos recursos do FGTS, de acordo com as diretrizes estabelecidas pelo Conselho Curador. VIII – (VETADO) (Incluído pela Lei nº 9.491, de 1997) IX – garantir aos recursos alocados ao FI-FGTS, em cotas de titularidade do FGTS, a remuneração aplicável às contas vinculadas, na forma do caput do art. 13 desta Lei. (Incluído pela Lei nº 11.491, de 2007). BRASIL. *Lei nº 8.036, de 11 de maio de 1990.* Dispõe sobre o Fundo de Garantia do Tempo de Serviço, e dá outras providências. Disponível em: <http://www.planalto.gov.br/ccivil_03/leis/l8036 consol.htm>. Acesso em: 8 out. 2012.

[96] DINIZ, Bismarck Duarte. *Direito do trabalho*: para apreender e consultar. Cuiabá: UNIVAG/UNICEM, 2000, p. 81.

[97] "Art. 9º As aplicações com recursos do FGTS poderão ser realizadas diretamente pela Caixa Econômica Federal e pelos demais órgãos integrantes do Sistema Financeiro da Habitação – SFH, exclusivamente segundo critérios fixados pelo Conselho Curador do FGTS, em operações que preencham os seguintes requisitos: (Redação dada pela Lei 10.931, de 2004) I – garantia real; I – Garantias: (Redação dada pela Lei nº 9.467, de 1997) a) hipotecária; (Incluída pela Lei nº 9.467,

Os valores depositados pelos empregadores nas contas vinculadas de seus empregados ficarão sob custódia da CEF e enquanto não sacados serão aplicados em habitação, saneamento básico e infraestrutura urbana,[98] ou seja, são investimentos de interesse social. Importante a ressalva legal disposta no § 3º do art. 9º da Lei 8.036/90,[99] o qual dispõe que "o programa de aplicações deverá destinar, no mínimo, 60% (sessenta por cento) para investimentos em habitação popular".

2.4.5. FGTS na rescisão ou extinção do contrato de trabalho

Quando o empregado é despedido sem justa causa, fica o empregador obrigado a realizar depósito correspondente a 40% do valor dos depósitos anteriormente feitos na vigência do contrato de trabalho.[100] Ocorre a obrigatoriedade da indenização de 40% também nos casos de rescisão indireta do contrato de trabalho.

Se a despedida ocorrer por culpa recíproca ou caso de força maior, hipóteses em que deverá ser reconhecida tal despedida pela Justiça do

---

de 1997) b) caução de Créditos hipotecários próprios, relativos a financiamentos concedidos com recursos do agente financeiro; (Incluída pela Lei nº 9.467, de 1997) c) caução dos créditos hipotecários vinculados aos imóveis objeto de financiamento; (Incluída pela Lei nº 9.467, de 1997) d) hipoteca sobre outros imóveis de propriedade do agente financeiro, desde que livres e desembaraçados de quaisquer ônus; (Incluída pela Lei nº 9.467, de 1997) e) cessão de créditos do agente financeiro, derivados de financiamentos concedidos com recursos próprios, garantidos por penhor ou hipoteca; (Incluída pela Lei nº 9.467, de 1997) f) hipoteca sobre imóvel de propriedade de terceiros; (Incluída pela Lei nº 9.467, de 1997) g) seguro de crédito; (Incluída pela Lei nº 9.467, de 1997) h) garantia real ou vinculação de receitas, inclusive tarifárias, nas aplicações contratadas com pessoa jurídica de direito público ou de direito privado a ela vinculada; (Incluída pela Lei nº 9.467, de 1997) i) aval em nota promissória; (Incluída pela Lei nº 9.467, de 1997) j) fiança pessoal; (Incluída pela Lei nº 9.467, de 1997) l) alienação fiduciária de bens móveis em garantia; (Incluída pela Lei nº 9.467, de 1997) m) fiança bancária; (Incluída pela Lei nº 9.467, de 1997) n) outras, a critério do Conselho Curador do FGTS; (Incluída pela Lei nº 9.467, de 1997) II – correção monetária igual à das contas vinculadas; III – taxa de juros média mínima, por projeto, de 3 (três) por cento ao ano; IV – prazo máximo de 25 (vinte e cinco) anos. IV – prazo máximo de trinta anos. (Redação dada pela Lei nº 8.692, de 1993)". BRASIL. *Lei nº 8.036, de 11 de maio de 1990.* Dispõe sobre o Fundo de Garantia do Tempo de Serviço, e dá outras providências. Disponível em: <http://www.planalto.gov.br/ccivil_03/leis/ l8036consol.htm>. Acesso em: 08 out. 2012.

[98] Art. 9º, § 3º. BRASIL. *Lei nº 8.036, de 11 de maio de 1990.* Dispõe sobre o Fundo de Garantia do Tempo de Serviço, e dá outras providências. Disponível em: <http://www.planalto.gov.br/ ccivil_03/leis/l8036consol.htm>. Acesso em: 08 out. 2012.

[99] BRASIL. *Lei nº 8.036, de 11 de maio de 1990.* Dispõe sobre o Fundo de Garantia do Tempo de Serviço, e dá outras providências. Disponível em: <http://www.planalto.gov.br/ccivil_03/leis/ l8036consol.htm>. Acesso em: 08 out. 2012.

[100] Art. 18, § 1º. BRASIL. *Lei nº 8.036, de 11 de maio de 1990.* Dispõe sobre o Fundo de Garantia do Tempo de Serviço, e dá outras providências. Disponível em: <http://www.planalto.gov.br/ccivil_03/ leis/l8036consol.htm>. Acesso em: 08 out. 2012.

Trabalho, assim como na rescisão indireta, o percentual a ser depositado pelo empregador a título de indenização será de 20%.[101] As indenizações, de 20 e 40%, serão calculadas tendo por base os depósitos mensais com atualização monetária e acréscimo de juros.

2.5. Casos de saque do FGTS

Como já explicitado, os valores depositados no Fundo constituem patrimônio dos trabalhadores titulares das contas vinculadas. Todavia, o FGTS não foi criado exclusivamente para o benefício dos trabalhadores, mas também para disponibilizar dinheiro para que o Estado invista em habitação, saneamento básico e infraestrutura urbana. Como bem relembra Carmen Camino: "Há ressalva legal em favor de um mínimo de 60% de tais recursos para financiamento da habitação popular e vinculação dos projetos de saneamento e infraestrutura urbana e programas habitacionais [...]".[102]

Sendo assim, o trabalhador não tem a disponibilidade imediata dos valores que estão em sua conta vinculada, apenas podendo realizar o saque, ou, como refere a lei, movimentar a conta vinculada,[103] nas hipóteses taxativas do art. 20 da Lei 8.036/90.[104] Todavia, o Superior Tribunal de Justiça (STJ) já decidiu que o art. 20 da supracitada lei não é taxativo, podendo o saque ocorrer em casos excepcionais (REsp 779063/PR).[105]

---

[101] Art. 18, § 2º. BRASIL. *Lei nº 8.036, de 11 de maio de 1990*. Dispõe sobre o Fundo de Garantia do Tempo de Serviço, e dá outras providências. Disponível em: <http://www.planalto.gov.br/ccivil_03/ leis/l8036consol.htm>. Acesso em: 08 out. 2012.

[102] CAMINO, Carmen. *Direito individual do trabalho*. 4. ed. Porto Alegre: Síntese, 2004, p. 552.

[103] Art. 20. BRASIL. *Lei nº 8.036, de 11 de maio de 1990*. Dispõe sobre o Fundo de Garantia do Tempo de Serviço, e dá outras providências. Disponível em: <http://www.planalto.gov.br/ccivil_03/ leis/l8036consol.htm>. Acesso em: 08 set. 2012.

[104] BRASIL. *Lei nº 8.036, de 11 de maio de 1990*. Dispõe sobre o Fundo de Garantia do Tempo de Serviço, e dá outras providências. Disponível em: <http://www.planalto.gov.br/ccivil_03/ leis/l8036consol.htm>. Acesso em: 08 set. 2012.

[105] ADMINISTRATIVO. LEVANTAMENTO DE FGTS PARA RECONSTRUÇÃO DE MORADIA ABALADA POR VENDAVAL. POSSIBILIDADE. RECURSO ESPECIAL IMPROVIDO. 1. A enumeração do art. 20 da Lei 8.036/90 não é taxativa. Por isso, é possível, em casos excepcionais, a liberação dos saldos do FGTS em situação nele não elencada. Precedentes. 2. O direito à moradia e o princípio da dignidade da pessoa humana autorizam o saque na hipótese em comento, em que a casa em que reside o fundista foi atingida por vendaval, tendo sido constatado risco de desabamento. 3. Recurso especial improvido. BRASIL. Superior Tribunal de Justiça. Recurso Especial nº 779.063 – PR (2005/0146755-6). Recorrente: Caixa Econômica Federal – CEF. Recor-

Interessante o modo como se posiciona Eduardo Gabriel Saad[106] sobre a taxatividade do referido art. 20, pois, comparando-o com o texto da revogada Lei 5.107/66,[107] deixou de enumerar situações que, segundo ele, são relevantes para o saque dos valores depositados:

> O novo disciplinamento legal dos saques das contas vinculadas exclui das hipóteses que os autorizavam: a) aplicação do capital em atividade comercial, industrial ou agropecuária em que se haja (o empregado) estabelecido individualmente ou em sociedade; b) aquisição de equipamento destinado a atividade de natureza autônoma; [...].

> Salta aos olhos que o legislador, ao suprimir tais motivos justificadores de saques das contas vinculadas, teve a preocupação de retardar o ritmo de saída dos recursos do Fundo e Garantia, a fim de beneficiar, a médio prazo, a política habitacional.

> Não se deu conta de que as situações acima descritas, na maioria das vezes, é tão ou mais importante que o problema da habitação.

Como regra, a movimentação da conta é autorizada quando há dispensa do trabalhador,[108] ou seja, por motivos alheios à sua vontade. Há também hipóteses, que são exceções, nas quais o empregado poderá efetuar a movimentação no momento de sua escolha, quais sejam as elencadas nos incisos III a VIII.[109]

Nas hipóteses de saída espontânea (demissão) ou na despedida por justa causa do trabalhador, é vedado a ele realizar a movimentação de sua conta.[110] Ainda, nos casos de rescisão contratual ficta (situações em que empregado e empregador simulam a rescisão contratual direta com o intuito de aquele poder sacar os valores do FGTS) também é vedada a movimentação da conta vinculada. Nas palavras de

---

rido: Valdir Marques. Relator: Ministro Teori Albino Zavascki. Brasília, 15 de maio de 2007. Disponível em: <https://ww2.stj.jus.br/revistaeletronica/Abre_Documento.asp?sSeq=691482 &sReg=20050146755 6&sData=20070604&formato=PDF>. Acesso em: 08 set. 2012.

[106] SAAD, Eduardo Gabriel. *Comentários à lei do fundo de garantia do tempo de serviço*: Lei 8.036, de 11.5.90. 3. ed. São Paulo: LTr, 1995, p. 455-456.

[107] BRASIL. *Lei nº 5.107, de 13 de setembro de 1966*. Cria o Fundo de Garantia do Tempo de Serviço, e dá outras providências. Disponível em: <http://www.planalto.gov.br/ccivil_03/leis/ L5107. htm>. Acesso em: 08 set. 2012.

[108] MARTINS, Sérgio Pinto. *Manual do FGTS*. 4. ed. São Paulo: Atlas, 2010, p. 178.

[109] Art. 20. BRASIL. *Lei nº 8.036, de 11 de maio de 1990*. Dispõe sobre o Fundo de Garantia do Tempo de Serviço, e dá outras providências. Disponível em: <http://www.planalto.gov.br/ccivil_03/ leis/l8036consol.htm>. Acesso em: 09 set. 2012.

[110] Art. 15. BRASIL. *Decreto nº 99.684, de 8 de novembro de 1990*. Consolida as normas regulamentares do Fundo de Garantia do Tempo de Serviço (FGTS). Disponível em:<http://www. planalto.gov.br/ccivil_03/decreto/D99684.htm>. Acesso em: 09 set. 2012.

Alice Monteiro de Barros:[111] "O ato traduz dolo praticado por ambas as partes, que não poderão alegá-lo para anular o negócio ou reclamar indenização (art. 150 do Código Civil de 2002)". Pode-se citar, nesse sentido, a seguinte decisão:

RESCISÃO CONTRATUAL FICTÍCIA. SIMULAÇÃO. Esse tipo de acordo normalmente se dá a pedido do empregado, para receber o FGTS e o Seguro--desemprego, ou apenas o FGTS. Ao empregador só dá trabalho, pois tem de promover a rescisão, pagar, atualmente depositar, a multa de 40%, manter o empregado por um tempo sem a CTPS assinada para tentar dissimular a fraude, correndo os riscos daí decorrentes, e, logo depois, proceder ao registro novamente. Sendo assim, impõe-se aplicar, nesses casos, o disposto no art. 104 do Código Civil, segundo o qual havendo intuito de prejudicar a terceiros, ou infringir preceito de lei, que é a espécie em exame, nada poderão alegar, ou requerer os contraentes em juízo quanto à simulação do ato, em litígio de um contra o outro, ou contra terceiros.[112]

Passar-se-á ao exame das hipóteses de saque dos valores do FGTS contidas nos incisos I a XVII do art. 20 da Lei 8.036/90:[113]

a) despedida sem justa causa e rescisão indireta do contrato de trabalho. Nessas hipóteses, pode ser sacado o valor dos depósitos realizados durante o último contrato de trabalho na conta, acrescidos da indenização de 40% sobre eles, que será paga pelo empregador, juros, e correção monetária;[114]

b) rescisão por culpa recíproca ou por motivo de força maior. Nessas situações, pode ser sacado o valor dos depósitos realizados durante o último contrato de trabalho na conta, acrescidos da indenização de 20% sobre eles, que será paga pelo empregador, juros, e correção monetária;[115]

---

[111] BARROS, Alice Monteiro de. *Curso de direito do trabalho*. 8. ed. São Paulo: LTr, 2012, p. 802.

[112] BRASIL. Tribunal Regional do Trabalho. (3. Região). *Recurso Ordinário n. 15833/00*. Recorrente: Esab S/A Indústria e Comércio. Recorrido: Antônio Carlos Batista. Relator: Jose Murilo de Morais, Data de Publicação: 24 de março de 2001. Disponível em: <https://as1.trt3.jus.br/juris/detalhe. htm?conversationId=14788>. Acesso em: 30 out. 2012.

[113] "Art. 20. A conta vinculada do trabalhador no FGTS poderá ser movimentada nas seguintes situações". BRASIL. *Lei nº 8.036, de 11 de maio de 1990*. Dispõe sobre o Fundo de Garantia do Tempo de Serviço, e dá outras providências. Disponível em: <http://www.planalto.gov.br/ccivil_03/ leis/l8036consol.htm>. Acesso em: 09 set. 2012.

[114] Art. 20, I e § 1º. BRASIL. *Lei nº 8.036, de 11 de maio de 1990*. Dispõe sobre o Fundo de Garantia do Tempo de Serviço, e dá outras providências. Disponível em: <http://www.planalto.gov. br/ ccivil_03/leis/l8036consol.htm>. Acesso em: 09 set. 2012. e Art. 9º, § 1º. BRASIL. *Decreto nº 99.684, de 8 de novembro de 1990*. Consolida as normas regulamentares do Fundo de Garantia do Tempo de Serviço (FGTS). Disponível em:<http://www.planalto.gov.br/ccivil_03/decreto/D99684.htm>. Acesso em: 09 set. 2012.

[115] Art. 20, I e § 1º. BRASIL. *Lei nº 8.036, de 11 de maio de 1990*. Dispõe sobre o Fundo de Garantia do Tempo de Serviço, e dá outras providências. Disponível em: <http://www.planalto.gov. br/ ccivil_03/leis/l8036consol.htm>. Acesso em: 09 set. 2012. e Art. 9º, § 2º. BRASIL. *Decreto*

c) extinção total da empresa, fechamento de quaisquer de seus estabelecimentos, filiais ou agências ou supressão de parte de suas atividades, sempre que qualquer dessas ocorrências implique rescisão de contrato de trabalho, comprovada por declaração escrita da empresa, suprida, quando for o caso, por decisão judicial transitada em julgado.[116] Nessas situações, o trabalhador somente poderá sacar os valores depositados pelo último empregador, embora existam jurisprudência e posicionamento de doutrinadores no sentido de que também é divida a indenização de 40%;[117]

d) declaração de nulidade do contrato de trabalho nas condições do art. 19-A,[118] ou ainda falecimento do empregador individual sempre que qualquer dessas ocorrências implique rescisão de contrato de trabalho, comprovada por declaração escrita da empresa, suprida, quando for o caso, por decisão judicial transitada em julgado;[119]

e) aposentadoria concedida pela Previdência Social. Em não fazendo a lei diferenciação entre os diversos tipos de aposentadoria, entende-se que a movimentação poderá ser feita em qualquer delas. Nesses casos, poderá ser sacado o valor total constante da conta vinculada;[120]

f) falecimento do trabalhador, sendo o saldo pago a seus dependentes e, na falta destes, os seus sucessores previstos na lei civil;[121]

g) pagamento de parte das prestações decorrentes de financiamento habitacional concedido no âmbito do Sistema Financeiro da Habitação (SFH), desde que: g.1) o mutuário conte com o mínimo de 3 (três) anos de trabalho sob o regime do FGTS, na mesma empresa ou em empresas diferentes; g.2) o valor

---

n° 99.684, de 8 de novembro de 1990. Consolida as normas regulamentares do Fundo de Garantia do Tempo de Serviço (FGTS). Disponível em:<http://www.planalto.gov.br/ccivil_03/decreto/D99684.htm>. Acesso em: 09 set. 2012.

[116] Art. 20, II. BRASIL. *Lei n° 8.036, de 11 de maio de 1990.* Dispõe sobre o Fundo de Garantia do Tempo de Serviço, e dá outras providências. Disponível em: <http://www.planalto.gov.br/ccivil_03/leis/l8036consol.htm>. Acesso em: 09 set. 2012.

[117] BARROS, Alice Monteiro de. *Curso de direito do trabalho.* 8. ed. São Paulo: LTr, 2012, p. 801.

[118] "Art. 19-A. É devido o depósito do FGTS na conta vinculada do trabalhador cujo contrato de trabalho seja declarado nulo nas hipóteses previstas no art. 37, § 2o, da Constituição Federal, quando mantido o direito ao salário." BRASIL. *Lei n° 8.036, de 11 de maio de 1990.* Dispõe sobre o Fundo de Garantia do Tempo de Serviço, e dá outras providências. Disponível em: <http://www.planalto.gov.br/ccivil_03/leis/l8036consol.htm>. Acesso em: 09 set. 2012.

[119] Art. 20, III. BRASIL. *Lei n° 8.036, de 11 de maio de 1990.* Dispõe sobre o Fundo de Garantia do Tempo de Serviço, e dá outras providências. Disponível em: <http://www.planalto.gov.br/ccivil_03/leis/l8036consol.htm>. Acesso em: 09 set. 2012.

[120] SAAD, Eduardo Gabriel. *Comentários à lei do fundo de garantia do tempo de serviço: Lei 8.036, de 11.5.90.* 3. ed. São Paulo: LTr, 1995, p. 458.

[121] Art. 20, IV. BRASIL. *Lei n° 8.036, de 11 de maio de 1990.* Dispõe sobre o Fundo de Garantia do Tempo de Serviço, e dá outras providências. Disponível em: <http://www.planalto.gov.br/ccivil_03/ leis/l8036consol.htm>. Acesso em: 09 set. 2012.

bloqueado seja utilizado, no mínimo, durante o prazo de 12 (doze) meses; g.3) o valor do abatimento atinja, no máximo, 80% do montante da prestação;[122]

h) liquidação ou amortização extraordinária do saldo devedor de financiamento imobiliário, observadas as condições estabelecidas pelo Conselho Curador, dentre elas a de que o financiamento seja concedido no âmbito do SFH e haja interstício mínimo de 2 (dois) anos para cada movimentação;[123]

i) pagamento total ou parcial do preço de aquisição de moradia própria, ou lote urbanizado de interesse social não construído, observadas as seguintes condições: i.1) o mutuário deverá contar com o mínimo de 3 (três) anos de trabalho sob o regime do FGTS, na mesma empresa ou empresas diferentes; i.2) seja a operação financiável nas condições vigentes para o SFH;[124]

j) quando o trabalhador permanecer três anos ininterruptos, a partir de 1º de junho de 1990, fora do regime do FGTS, podendo o saque, neste caso, ser efetuado a partir do mês de aniversário do titular da conta.[125] Nesta hipótese, o saque corresponderá ao valor total constante da conta;[126]

k) extinção normal do contrato a termo, inclusive o dos trabalhadores temporários regidos pela Lei nº 6.019, de 3 de janeiro de 1974;[127]

l) suspensão total do trabalho avulso por período igual ou superior a 90 (noventa) dias, comprovada por declaração do sindicato representativo da categoria profissional.[128] O saque será apenas do tempo em que o trabalhador atuou na condição de avulso, que não abarcará os depósitos de contratos anteriores;[129]

m) quando o trabalhador ou qualquer de seus dependentes for acometido de neoplasia maligna (câncer);[130]

n) aplicação em quotas de Fundos Mútuos de Privatização, regidos pela Lei nº 6.385, de 7 de dezembro de 1976, permitida a utilização máxima de 50% do

---

[122] Art. 20, V. BRASIL. *Lei nº 8.036, de 11 de maio de 1990*. Dispõe sobre o Fundo de Garantia do Tempo de Serviço, e dá outras providências. Disponível em: <http://www.planalto.gov.br/ccivil_03/leis/l8036consol.htm>. Acesso em: 09 set. 2012.

[123] Idem.

[124] Idem.

[125] Idem.

[126] MARTINS, Sérgio Pinto. *Manual do FGTS*. 4. ed. São Paulo: Atlas, 2010, p. 172.

[127] Art. 20, IX. BRASIL. *Lei nº 8.036, de 11 de maio de 1990*. Dispõe sobre o Fundo de Garantia do Tempo de Serviço, e dá outras providências. Disponível em: <http://www.planalto.gov.br/ccivil_03/leis/l8036consol.htm>. Acesso em: 09 set. 2012.

[128] Idem.

[129] MARTINS, Sérgio Pinto. *Manual do FGTS*. 4. ed. São Paulo: Atlas, 2010, p. 173.

[130] Art. 20, XI. BRASIL. *Lei nº 8.036, de 11 de maio de 1990*. Dispõe sobre o Fundo de Garantia do Tempo de Serviço, e dá outras providências. Disponível em: <http://www.planalto.gov.br/ccivil_03/leis/l8036consol.htm>. Acesso em: 09 set. 2012.

O término do contrato de trabalho por justa causa do empregador

saldo existente e disponível em sua conta vinculada do Fundo de Garantia do Tempo de Serviço, na data em que exercer a opção;[131]

o) quando o trabalhador ou qualquer de seus dependentes for portador do vírus HIV[132]. "O item faz referência a ser apenas portador do vírus HIV e não quando a doença já tiver sido manifestada";[133]

p) quando o trabalhador ou qualquer de seus dependentes estiver em estágio terminal, em razão de doença grave, nos termos do regulamento;[134]

q) quando o trabalhador tiver idade igual ou superior a setenta anos;[135]

r) necessidade pessoal, cuja urgência e gravidade decorra de desastre natural, conforme disposto em regulamento, observadas as seguintes condições: r.1) o trabalhador deverá ser residente em áreas comprovadamente atingidas de Município ou do Distrito Federal em situação de emergência ou em estado de calamidade pública, formalmente reconhecidos pelo Governo Federal ; r.2) a solicitação de movimentação da conta vinculada será admitida até 90 (noventa) dias após a publicação do ato de reconhecimento, pelo Governo Federal, da situação de emergência ou de estado de calamidade pública; e r.3) o valor máximo do saque da conta vinculada será definido na forma do regulamento.[136] O Decreto 5.113, de 22 de junho de 2004[137] regulamentou estas hipóteses, limitando o valor máximo de saque, definindo desastre natural e dispondo outras providências;

s) integralização de cotas do FI-FGTS, permitida a utilização máxima de 30% do saldo existente e disponível na data em que exercer a opção.[138]

---

[131] Art. 20, XII. BRASIL. *Lei nº 8.036, de 11 de maio de 1990*. Dispõe sobre o Fundo de Garantia do Tempo de Serviço, e dá outras providências. Disponível em: <http://www.planalto.gov.br/ccivil_03/ leis/l8036consol.htm>. Acesso em: 09 set. 2012.

[132] Idem.

[133] MARTINS, Sérgio Pinto. *Manual do FGTS*. 4. ed. São Paulo: Atlas, 2010, p. 175.

[134] Art. 20, XIV. BRASIL. *Lei nº 8.036, de 11 de maio de 1990*. Dispõe sobre o Fundo de Garantia do Tempo de Serviço, e dá outras providências. Disponível em: <http://www.planalto.gov.br/ccivil_03/ leis/l8036consol.htm>. Acesso em: 09 set. 2012.

[135] Idem.

[136] Idem.

[137] BRASIL. *Decreto nº 5.113, de 22 de junho de 2004*. Regulamenta o art. 20, inciso XVI, da Lei no 8.036, de 11 de maio de 1990, que dispõe sobre o Fundo de Garantia do Tempo de Serviço – FGTS, e dá outras providências. Disponível em: <http://www.planalto.gov.br/ccivil_03/_ato2004-2006/2004/decreto/d5113.htm>. Acesso em: 09 set. 2012.

[138] Art. 20, XVII. BRASIL. *Lei nº 8.036, de 11 de maio de 1990*. Dispõe sobre o Fundo de Garantia do Tempo de Serviço, e dá outras providências. Disponível em: <http://www.planalto.gov.br/ccivil_03/ leis/l8036consol.htm>. Acesso em: 09 set. 2012.

Recentemente, em abril de 2013, foi aprovado, na VI Jornada de Direito Civil da Justiça Federal, o enunciado n° 572,[139] o qual dispõe que: "Mediante ordem judicial, é admissível, para a satisfação do crédito alimentar atual, o levantamento do saldo de conta vinculada ao FGTS". Esse entendimento visa a garantir ao alimentando o recebimento do seu crédito, tendo em vista a recusa do devedor em pagá-lo ou até mesmo a impossibilidade deste em realizar o pagamento por não disponibilizar de recursos para tanto. Tal possibilidade confirma o posicionamento do STJ em relação a não taxatividade do rol do art. 20 da Lei do FGTS.[140]

Sobre algumas formalidades para a movimentação da conta dispõe Vólia Bonfim Cassar:[141]

> Atualmente, o próprio Termo de Rescisão do Contrato de Trabalho (TRCT) é o documento que autoriza a movimentação, desde que preenchida com o código respectivo. Assim, o preenchimento do campo de n° 24, com o código 01, aponta que o empregado foi dispensado sem justa causa e, com isso, pode movimentar sua conta. O código 05 indica aposentadoria e também permite a movimentação. Isso não acontece, porém, quando o código é o 18, que indica um pedido de demissão. Esses códigos estão contidos na Circular CEF n° 5/90.

---

[139] "Justificativa: O direito aos alimentos é um dos mais importantes de nosso sistema, pois serve para garantir existência digna, englobando a alimentação, o vestuário, o lazer, a educação, etc. Como se sabe, atualmente, a única hipótese de prisão civil decorre da dívida de natureza alimentar (art. 5°, LXVII, CF). Contudo, embora admitida a coerção pessoal, muitas vezes os alimentandos encontram dificuldades em receber o que lhes é de direito. Em algumas oportunidades, o próprio devedor resiste de boa-fé, por não possuir os recursos suficientes para adimplir a pensão. Em tal contexto, uma alternativa viável seria a retirada dos valores depositados na conta vinculada ao FGTS para a satisfação do crédito. Muitos princípios poderiam ser invocados em prol dessa solução. Inicialmente, ambas as partes terão a sua dignidade reconhecida, pois o credor receberá a pensão, enquanto o devedor se livrará do risco de prisão civil. A menor onerosidade da medida é nítida. A jurisprudência do STJ orienta-se pela admissão da orientação do enunciado: AgRg no RMS n. 34.708/SP, AgRg no RMS n. 35.010/SP e AgRg no RMS n. 34.440/SP. Há, igualmente, precedentes de tribunais estaduais sobre o tema: TJ/RS, AI n. 70046109757, 7. C. C., relator Jorge Dall'Agnol, DJe de 1°/12/2011. Dessa forma, a aprovação de um enunciado no sentido proposto poderá colaborar para que os operadores de todo o Brasil tomem ciência dessa orientação, o que redundará, última análise, na mais adequada proteção das pessoas". BRASIL. Conselho da Justiça Federal. *ENUNCIADO 572*. 02 abr. 2013. Disponível em: <http://www.jf.jus.br/cjf/CEJ-Coedi/jornadas-cej/VI%20JORNADA1.pdf>. Acesso em: 05 mai. 2013.

[140] Art. 20. BRASIL. *Lei n° 8.036, de 11 de maio de 1990*. Dispõe sobre o Fundo de Garantia do Tempo de Serviço, e dá outras providências. Disponível em: <http://www.planalto.gov.br/ccivil_03/leis/l8036consol.htm>. Acesso em: 02 mai. 2013.

[141] CASSAR, Vólia Bonfim. *Direito do trabalho*. 5. ed. Niterói: Impetus, 2011, p. 1211.

Quanto à movimentação da conta vinculada dos trabalhadores denominados diretores não empregados, a Lei 8.036/90[142] foi omissa, deixando a determinação das hipóteses aos artigos 3º a 6º da Lei 6.919/81.[143] Por fim, importante mencionar a disposição do art. 42 do Decreto 99.684/90,[144] que dispõe a necessidade de o menor estar assistido do seu responsável legal para que possa efetuar a movimentação da sua conta vinculada.

---

[142] BRASIL. *Lei nº 8.036, de 11 de maio de 1990.* Dispõe sobre o Fundo de Garantia do Tempo de Serviço, e dá outras providências. Disponível em: <http://www.planalto.gov.br/ccivil_03/leis/l8036consol.htm>. Acesso em: 09 set. 2012.

[143] "Art. 3º Ao deixar o cargo por término do mandato sem que haja reeleição ou por deliberação do órgão ou da autoridade competente, o Diretor poderá movimentar livremente a sua conta vinculada. Art. 4º Se o Diretor deixar o cargo por sua iniciativa, a conta vinculada poderá ser utilizada, parcial ou totalmente, nas seguintes situações: I – aposentadoria concedida pela Previdência Social; II – necessidade grave e premente, pessoal ou familiar, por motivo de doença; III – aquisição de moradia própria, observado o disposto no art. 10 da Lei nº 5.107, de 13 de setembro de 1966; IV – aplicação de capital em atividade comercial, industrial ou agropecuária, em que se haja estabelecido; V – aquisição de equipamento destinado ao exercício de atividade autônoma. Parágrafo único. Mesmo sem deixar o cargo, o Diretor poderá utilizar a sua conta vinculada na ocorrência das hipóteses previstas nos itens II e III deste artigo. Art. 5º Na ocorrência de falecimento do Diretor, aplicar-se-á ao valor da sua conta o disposto na Lei nº 6.858, de 24 de novembro de 1980. Art. 6º No caso de o Diretor ser destituído do cargo por motivo justo, a parcela da sua conta vinculada correspondente à correção monetária e aos juros capitalizados reverterá a favor do FGTS". BRASIL. *Lei nº 6.919, de 2 de junho de 1981.* Faculta a Extensão do Regime do Fundo de Garantia por Tempo de Serviço a Diretores Não-Empregados, e dá outras Providências. Disponível em: <http://www.planalto.gov.br/ccivil_03/Leis/L6919.htm>. Acesso em: 09 set. 2012.

[144] BRASIL. *Decreto nº 99.684, de 8 de novembro de 1990.* Consolida as normas regulamentares do Fundo de Garantia do Tempo de Serviço (FGTS). Disponível em:<http://www.planalto.gov.br/ccivil_03/decreto/D99684.htm>. Acesso em: 09 set. 2012.

3. A rescisão indireta do contrato individual de trabalho

Como visto no capítulo anterior, o advento do FGTS deu início a uma nova fase no Direito Trabalhista alicerçada na liberdade das partes contratantes em resilirem o pacto laboral. Como leciona Rodrigo Garcia Schwarz,[145] a criação do FGTS constitui uma das "[...] mais violentas manobras flexibilizadoras da legislação trabalhista brasileira, retirando dos trabalhadores a expectativa da estabilidade garantida por lei".

O princípio da continuidade da relação de emprego busca preservar o contrato de trabalho, atribuindo a ele a mais ampla duração. No entanto, com o fim da estabilidade decenal, os contratos de trabalho não são mais indissolúveis, podendo cessar a qualquer momento, excetuando-se, obviamente, as estabilidades especiais previstas na CLT e legislação esparsa.

Diante dessa premissa, o pacto laboral pode ser encerrado por espontânea vontade de qualquer uma das partes contratantes – por motivos pessoais ou outras razões – ou porque uma delas comete falta grave que torne inviável a continuidade da relação empregatícia.

Sendo o contrato de trabalho "[...] uma via de mão dupla formada por direitos e deveres de ambas as partes",[146] se uma delas abusa do seu direito, violando seus deveres e rompendo com a confiança recíproca, faz nascer para a outra o direito de rescindir o contrato sem que a parte lesada sofra prejuízo econômico:

> Ao praticar infração grave, um dos contratantes provoca a reação volitiva do outro e assume o risco da rescisão contratual. Se o infrator é o empregado,

---

[145] SCHWARZ, Rodrigo Garcia. *Direito do trabalho*. Rio de Janeiro: Elsevier, 2007, p. 183.

[146] OLIVEIRA, Francisco Antonio de. *Curso de direito do trabalho*. São Paulo: LTr, 2011, p. 694.

exonera o empregador de ressarcimentos; se o infrator for este último, o trabalhador faz jus às compensações.[147]

Este capítulo irá tratar da rescisão do contrato empregatício por culpa do empregador. Para maior compreensão desse tipo rescisório, serão vistos, brevemente, no próximo item, os conceitos de resolução, rescisão, resilição e, por fim, rescisão ou despedida indireta.

3.1. Das formas de extinção do contrato de trabalho

Embora a doutrina não seja unânime quanto à denominação das formas de término do contrato de trabalho, pode-se denominá-las de resolução, resilição e rescisão. Em suma, esses três termos extinguem o pacto laboral, encerrando as obrigações das partes contratantes, "Portanto, a diferença entre os diversos vocábulos faz parte de um preciosismo, pois todas se relacionam ao mesmo fato: extinção do contrato de trabalho".[148] Importante ressaltar que as verbas rescisórias serão diferentes conforme a espécie de extinção, como se verá oportunamente.

A resolução contratual dá-se nas seguintes hipóteses, entre outras: justa causa (do empregador, art. 483 da CLT,[149] ou do empregado, art. 482 da CLT);[150] culpa recíproca (art. 484 da CLT);[151] circunstâncias alheias à vontade das partes (morte do empregado, morte do empregador empresa individual); término normal do contrato a termo, pelo decurso do prazo ou ocorrência de condição resolutiva e término do contrato por safra (art. 14 da Lei 5889/73).[152]

---

[147] GIGLIO, Wagner. *Justa causa*. 7. ed. São Paulo: Saraiva, 2000, p. 362.

[148] CASSAR, Vólia Bonfim. *Direito do trabalho*. 5. ed. Niterói: Impetus, 2011, p. 1047.

[149] BRASIL. *Decreto-lei n° 5.452, de 1° de maio de 1943 [CLT]*. Aprova a Consolidação das Leis do Trabalho. Disponível em: <http://www.planalto.gov.br/ccivil_03/decreto-lei/del5452.htm>. Acesso em: 13 dez. 2012.

[150] BRASIL. *Decreto-lei n° 5.452, de 1° de maio de 1943 [CLT]*. Aprova a Consolidação das Leis do Trabalho. Disponível em: <http://www.planalto.gov.br/ccivil_03/decreto-lei/del5452.htm>. Acesso em: 13 dez. 2012.

[151] "Art. 484. Havendo culpa recíproca no ato que determinou a rescisão do contrato de trabalho, o tribunal de trabalho reduzirá a indenização à que seria devida em caso de culpa exclusiva do empregador, por metade". BRASIL. *Decreto-lei n° 5.452, de 1° de maio de 1943 [CLT]*. Aprova a Consolidação das Leis do Trabalho. Disponível em: <http://www.planalto.gov.br/ccivil_03/decreto-lei/del5452.htm>. Acesso em: 11 dez. 2012.

[152] "Art. 14. Expirado normalmente o contrato, a empresa pagará ao safrista, a título de indenização do tempo de serviço, importância correspondente a 1/12 (um doze avos) do salário mensal,

A resilição contratual acontece pela vontade lícita de uma das partes. São exemplos dessa espécie o pedido de demissão; a despedida sem justa causa (imotivada); o pedido de extinção do contrato de trabalho pelo responsável legal do menor (art. 394, CLT);[153] o pedido de extinção do contrato de trabalho pela gestante (art. 394 da CLT)[154] e a extinção do contrato a termo, com cláusula assecuratória do direito recíproco de rescisão (art. 481 da CLT).[155]

Por fim, a rescisão contratual compreende o término do contrato individual de trabalho em decorrência de nulidade relativa ou absoluta. São exemplos de rescisão o afastamento do empregado irregularmente admitido pela Administração Pública e a extinção do contrato de trabalho do menor sujeito a condições insalubres ou perigosas.

Em se tratando da ocorrência de justa causa do empregador, o termo correto, a partir da divisão acima mencionada, seria *resolução contratual*. No entanto, a prática jurisprudencial, forense e doutrinária, adota as expressões *rescisão indireta, dispensa indireta* ou *despedida indireta* para indicar esse tipo de ruptura contratual pleiteada pelo trabalhador. Sérgio Pinto Martins[156] explica a situação da seguinte forma:

A rigor, a rescisão do contrato de trabalho seria sempre direta. O despedimento seria sempre direto. Não se justificaria falar em dispensa indireta ou rescisão indireta. Entretanto, Na rescisão indireta não há dispensa propriamente dita de forma direta; apenas o empregador comete um ato que causa a cessação do contrato de trabalho.

---

por mês de serviço ou fração superior a 14 (quatorze) dias". BRASIL. *Lei nº 5.889, de 8 de junho de 1973*. Estatui normas reguladoras do trabalho rural. Disponível em: <http://www.planalto.gov.br/ccivil_03/ leis/L5889.htm>. Acesso em: 13 dez. 2012.

[153] "Art. 408. Ao responsável legal do menor é facultado pleitear a extinção do contrato de trabalho, desde que o serviço possa acarretar para ele prejuízos de ordem física ou moral". BRASIL. *Decreto-lei nº 5.452, de 1º de maio de 1943 [CLT]*. Aprova a Consolidação das Leis do Trabalho. Disponível em: <http://www.planalto.gov.br/ccivil_03/decreto-lei/del5452.htm>. Acesso em: 13 dez. 2012.

[154] "Art. 394. Mediante atestado médico, à mulher grávida é facultado romper o compromisso resultante de qualquer contrato de trabalho, desde que este seja prejudicial à gestação". BRASIL. *Decreto-lei nº 5.452, de 1º de maio de 1943 [CLT]*. Aprova a Consolidação das Leis do Trabalho. Disponível em: <http://www.planalto.gov.br/ccivil_03/decreto-lei/del5452.htm>. Acesso em: 13 dez. 2012.

[155] "Art. 481. Aos contratos por prazo determinado, que contiverem cláusula assecuratória do direito recíproco de rescisão antes de expirado o termo ajustado, aplicam-se, caso seja exercido tal direito por qualquer das partes, os princípios que regem a rescisão dos contratos por prazo indeterminado". BRASIL. *Decreto-lei nº 5.452, de 1º de maio de 1943 [CLT]*. Aprova a Consolidação das Leis do Trabalho. Disponível em: <http://www.planalto.gov.br/ccivil_03/decreto-lei/del5452.htm>. Acesso em: 13 dez. 2012.

[156] MARTINS, Sérgio Pinto. *Manual da justa causa*. 4. ed. São Paulo: Atlas, 2010, p. 196.

Outrossim, há autores que preferem usar a nomenclatura "rescisão por iniciativa do empregado",[157] entre outras. Neste estudo, utilizar-se-ão as expressões *rescisão indireta* e *despedida indireta*, pois somente serão analisadas as justas causas atribuíveis ao empregador.

3.2. Conceito e fundamento Legal

A rescisão indireta do contrato de trabalho, ou "Constructive discharge",[158] encontra-se disposta no capítulo V da CLT,[159] mais precisamente no art. 483 desse diploma legal:

Art. 483. O empregado poderá considerar rescindido o contrato e pleitear a devida indenização quando:

a) forem exigidos serviços superiores às suas forças, defesos por lei, contrários aos bons costumes, ou alheios ao contrato;

b) for tratado pelo empregador ou por seus superiores hierárquicos com rigor excessivo;

c) correr perigo manifesto de mal considerável;

d) não cumprir o empregador as obrigações do contrato;

e) praticar o empregador ou seus prepostos, contra ele ou pessoas de sua família, ato lesivo da honra e boa fama;

f) o empregador ou seus prepostos ofenderem-no fisicamente, salvo em caso de legítima defesa, própria ou de outrem;

g) o empregador reduzir o seu trabalho, sendo este por peça ou tarefa, de forma a afetar sensivelmente a importância dos salários.

Ocorrendo a culpa patronal, ou seja, uma das situações acima elencadas, tem o empregado a faculdade de ter rescindido o seu contrato de trabalho. Importa mencionar que as faltas graves podem ser cometidas pelo empregador pessoa física ou pelos responsáveis pelo empregador pessoa jurídica, como prepostos e gerentes.[160]

---

[157] GIGLIO, Wagner. *Justa causa*. 7. ed. São Paulo: Saraiva, 2000, p. 368. (grifo do autor)

[158] BATALHA, Wilson de Souza Campos. *Rescisão contratual trabalhista e a triologia do desemprego*. 3. ed. São Paulo: LTr, 2000, p. 137.

[159] BRASIL. *Decreto-lei nº 5.452, de 1º de maio de 1943 [CLT]*. Aprova a Consolidação das Leis do Trabalho. Disponível em: <http://www.planalto.gov.br/ccivil_03/decreto-lei/del5452.htm>. Acesso em: 11 dez. 2012.

[160] BATALHA, Wilson de Souza Campos. *Rescisão contratual trabalhista e a triologia do desemprego*. 3. ed. São Paulo: LTr, 2000, p. 137.

A rescisão indireta nada mais é do que o término do contrato de trabalho por culpa do empregador, ou seja, comete este (ou um de seus representantes) uma falta grave que dá ao empregado o direito de pleitear, judicialmente, a *"cessação"*[161] do seu contrato de trabalho. Pode-se dizer que a despedida indireta "[...] é assim denominada porque o empregador não demite o empregado, porém, age de modo a tornar impossível a prestação de serviços".[162] O pleito judicial é "A única maneira de se verificar a justa causa cometida pelo empregador [...]".[163]

Segundo Francisco Ferreira Jorge Neto e Jouberto de Quadros Cavalcante,[164] "A natureza da dispensa indireta é híbrida. É uma mescla de demissão, e de despedida [...]", ou seja, é o empregado quem pleiteia a rescisão contratual, mas quem deu causa ao direito foi o empregador, que terá então que arcar com os ônus de sua conduta. As consequências dessa rescisão bem como as verbas devidas pelo empregador ao empregado serão abordadas neste capítulo.

3.3. Casos de rescisão indireta

Como já visto, os casos em que pode ocorrer a rescisão indireta estão enumerados nos incisos do art. 483 da CLT.[165] Esse rol é taxativo,[166] ou seja, a conduta faltosa do empregador só ensejará a despedida indireta se caracterizar uma das hipóteses contidas no artigo; sendo conduta diversa das descritas no rol, não haverá que se falar em rescisão indireta.

---

[161] MARTINS, Sérgio Pinto. *Direito do trabalho*. 26. ed. São Paulo: Atlas, 2010, p. 368. (grifo do autor).

[162] SINATORA, Sandra. Rescisão indireta, falta grave do empregador. *Jornal Trabalhista Consulex*, Brasília, ano 29, n. 1417, p. 10. mar. 2012.

[163] MARTINS, Sérgio Pinto. *Direito do trabalho*. 26. ed. São Paulo: Atlas, 2010, p. 392.

[164] JORGE NETO, Francisco Ferreira; CAVALCANTE, Jouberto de Quadros Pessoa. *Curso de direito do trabalho*. 2. ed. São Paulo: Atlas, 2012, p. 306.

[165] BRASIL. *Decreto-lei nº 5.452, de 1º de maio de 1943 [CLT]*. Aprova a Consolidação das Leis do Trabalho. Disponível em: <http://www.planalto.gov.br/ccivil_03/decreto-lei/del5452.htm>. Acesso em: 14 dez. 2012.

[166] Segundo Marcelo Alexandrino, "o Brasil adota o *sistema taxativo*, enumerando na lei as hipóteses que configuram a justa causa. Somente as condutas tipificadas na lei serão passíveis de aplicação de dispensa por justa causa pelo empregador". ALEXANDRINO, Marcelo. *Direito do trabalho*. 9. ed. Rio de Janeiro: Impetus, 2006, p. 333. (grifo do autor).

3.3.1. Serviços superiores às forças do empregado, serviços defesos por lei, serviços contrários aos bons costumes e serviços alheios ao contrato

Segundo a alínea *a* do art. 483 da CLT,[167] "O empregado poderá considerar rescindido o contrato e pleitear a devida indenização quando [...] forem exigidos serviços superiores às suas forças, defesos por lei, contrários aos bons costumes, ou alheios ao contrato". Trata-se de quatro hipóteses distintas e a rescisão pode ser pleiteada quando ocorrer qualquer uma delas.

Serviços superiores às forças do empregado são aqueles impróprios à idade, saúde ou força física,[168] ou seja, são serviços que extrapolam a capacidade normal do empregado. O empregador toma conhecimento das aptidões do seu empregado no período de experiência e se elas não forem adequadas ao serviço, não deve contratar, sob pena de exigir além de sua capacidade. Quando se lê *forças*, está-se tratando tanto de força física quanto de força intelectual.

Assim, por exemplo, o serviço será considerado superior à força física do empregado de sexo masculino quando este tiver que carregar peso acima de 60 quilos sozinho,[169] ou superior à força intelectual quando lhe forem exigidos serviços intelectuais superiores a dez horas por dia.[170] Cabe também salientar que a capacidade e limitação humanas são profundamente individualizadas, personalíssimas; "[...] o que pode não ser um serviço além das forças para um indivíduo, pode ser para outro".[171] Então, a capacidade, tanto física quanto intelectual/psicológica, deve ser analisada subjetivamente, atentando-se para as peculiaridades de cada trabalhador.

---

[167] BRASIL. *Decreto-lei nº 5.452, de 1º de maio de 1943 [CLT].* Aprova a Consolidação das Leis do Trabalho. Disponível em: <http://www.planalto.gov.br/ccivil_03/decreto-lei/del5452.htm>. Acesso em: 15 dez. 2012.

[168] CARRION, Valentin. *Comentários à consolidação das leis do trabalho.* 32. ed. São Paulo: Saraiva, 2009, p. 387.

[169] "Art. 198 – É de 60 kg (sessenta quilogramas) o peso máximo que um empregado pode remover individualmente, ressalvadas as disposições especiais relativas ao trabalho do menor e da mulher". BRASIL. *Decreto-lei nº 5.452, de 1º de maio de 1943 [CLT].* Aprova a Consolidação das Leis do Trabalho. Disponível em: <http://www.planalto.gov.br/ccivil_03/decreto-lei/del5452. htm>. Acesso em: 14 dez. 2012.

[170] MARTINS, Sérgio Pinto. *Manual da justa causa.* 4. ed. São Paulo: Atlas, 2010, p. 200.

[171] SALEM, Luciano Rossignolli; SALEM, Diná Rossignolli. *Justa causa e rescisão indireta.* São Paulo: Jurídica Brasileira, 1995, p. 365.

Os serviços defesos por lei são os ilícitos, proibidos pela ordem jurídica e administrativa. É qualquer atividade que, "[...] em seu procedimento, cause injusta lesão a alguém".[172] Pode-se citar como exemplo de serviço defeso por lei o tráfico de entorpecentes.

Os serviços contrários aos bons costumes são aqueles contrários à moral e à ética da sociedade em geral.[173] Francisco Antônio de Oliveira[174] traz o exemplo de o empregador exigir da arrumadeira de motel que mantenha relações sexuais com cliente solitário, sendo que o acordo entre eles fora no sentido de apenas exercer a função de arrumadeira. Nessa hipótese, além de exigir serviço alheio ao contrato, também exige tarefa incompatível com a moral da empregada, a qual escolhera ser apenas arrumadeira.

Por fim, serviços alheios ao contrato são aqueles para os quais o empregado não fora contratado para prestar, ou seja, o empregador contrata o obreiro para uma função e exige-lhe a realização de outra, sem que essa mudança seja com este previamente negociada. Esse tipo de conduta não faz parte do *jus variandi* do empregador, ainda mais se for maléfica ao empregado, sendo, então, alteração ilícita do contrato de trabalho (art. 468 da CLT).[175] Vólia Bonfim Cassar traz o exemplo de empregador que exige que a empregada, contratada como advogada, passe a fazer, rotineiramente, a limpeza do escritório.[176]

3.3.2. Tratamento com rigor excessivo

Embora tenha o empregador os poderes diretivo e disciplinar, não pode exceder aos limites desses poderes exercendo-os com arbitrariedade, desrespeitando o empregado. Para Vólia Bonfim Cassar,[177]

---

[172] DELGADO, Maurício Godinho. *Curso de direito do trabalho*. 9. ed. São Paulo: LTr, 2010, p. 1135.

[173] OLIVEIRA, Francisco Antônio de. *Curso de direito do trabalho*. São Paulo: LTr, 2011, p. 785.

[174] Ibidem.

[175] "Art. 468. Nos contratos individuais de trabalho só é lícita a alteração das respectivas condições por mútuo consentimento, e ainda assim desde que não resultem, direta ou indiretamente, prejuízos ao empregado, sob pena de nulidade da cláusula infringente desta garantia". BRASIL. *Decreto-lei nº 5.452, de 1º de maio de 1943 [CLT]*. Aprova a Consolidação das Leis do Trabalho. Disponível em: <http://www.planalto.gov.br/ccivil_03/decreto-lei/del5452.htm>. Acesso em: 20 dez. 2012..

[176] CASSAR, Vólia Bonfim. *Direito do trabalho*. 5. ed. Niterói: Impetus, 2011, p. 1158.

[177] Idem, p. 1159.

"Rigor excessivo significa intransigência exagerada, má-educação, maus tratos, tortura ou falta de cortesia".

Intolerância, tratamento discriminatório, punições visivelmente exageradas são exemplos de rigor excessivo (art. 483, *b*, CLT).[178] Segundo Maurício Godinho Delgado,[179] a infração prevista nesse dispositivo é a mais apta a caracterizar o assédio moral. A norma prevê também, expressamente, que essa hipótese se caracteriza com o tratamento com rigor excessivo dispensado pelo superior hierárquico do trabalhador.

3.3.3. Perigo manifesto de mal considerável

Nessa hipótese, o empregado está exposto a risco anormal, gravemente prejudicial à sua integridade física e à sua saúde. Não configura essa hipótese o risco inerente ao tipo de profissão como, por exemplo, um bombeiro, salvo quando por culpa do empregador o perigo tornar-se anormal.[180]

O que caracteriza o perigo manifesto de mal considerável (alínea *c* do art. 483 da CLT)[181] é perigo que corre o empregado por seu empregador não atender às regras de segurança e medicina do trabalho. Amador Paes de Almeida[182] traz como exemplo desse tipo de falta grave a não disponibilização (no estabelecimento hospitalar) dos meios indispensáveis de proteção a esse ramo comercial, fazendo com que os empregados corram risco de adquirir moléstias graves.

---

[178] BRASIL. *Decreto-lei nº 5.452, de 1º de maio de 1943 [CLT]*. Aprova a Consolidação das Leis do Trabalho. Disponível em: <http://www.planalto.gov.br/ccivil_03/decreto-lei/del5452.htm>. Acesso em: 14 dez. 2012.

[179] DELGADO, Maurício Godinho. *Curso de direito do trabalho*. 9. ed. São Paulo: LTr, 2010, p. 1136.

[180] "O dispositivo legal não se refere aos perigos da profissão ou da função para a qual o trabalhador foi contratado. Logo, o empregado não poderá invocar essa falta tendo em vista o risco normal da profissão, como ocorre com os aviadores. Excetua-se, entretanto, a hipótese de o empregador deixar de fazer a manutenção necessária na aeronave, tornando o risco anormal". BARROS, Alice Monteiro de. *Curso de direito do trabalho*. 8. ed. São Paulo: LTr, 2012, p. 723.

[181] BRASIL. *Decreto-lei nº 5.452, de 1º de maio de 1943 [CLT]*. Aprova a Consolidação das Leis do Trabalho. Disponível em: <http://www.planalto.gov.br/ccivil_03/decreto-lei/del5452.htm>. Acesso em: 14 dez. 2012.

[182] ALMEIDA, Amador Paes de. *CLT comentada: legislação, doutrina, jurisprudência*. 6. ed. São Paulo: Saraiva: 2009, p. 252.

3.3.4. Descumprimento das obrigações contratuais

O contrato de trabalho tem início com a "[...] conjugação de vontades"[183] entre contratante/empregador e contratado/empregado. As duas obrigações principais do vínculo trabalhista são: "[...] a *obrigação da prestação de trabalho*, a cargo do empregado, e a *obrigação de contraprestação de remuneração*, a cargo do empregador".[184] Fora essas, advêm do contrato outras obrigações recíprocas – direitos e deveres – entre as partes, denominadas acessórias.

Se o contrato de trabalho é um acordo de vontades, as partes contratantes ficam cientes, ao tempo da celebração, dos seus direitos e deveres bem como da obrigação de cumpri-lo integralmente. Sendo o empregador o contratante dessa relação, na grande maioria das vezes é ele quem confecciona o instrumento contratual e determina as suas cláusulas. Sendo assim, se ele mesmo estipula como proceder, e dá ciência ao empregado dessas estipulações, não pode, durante a vigência da relação, agir diversamente. Pode-se dizer, então, que essa hipótese de justa causa do empregador constitui uma espécie de sanção ao ilícito contratual por ele praticado: o descumprimento do pacto laboral.

O Direito do Trabalho é norteado pelo princípio da proteção ao trabalhador para que este, que é a parte hipossuficiente da relação, não seja prejudicado. Desta feita, pode-se dizer que os contratos são particulares, mas obrigatoriamente vinculados às normas impostas pelo Estado por meio da CLT,[185] Constituição[186] e legislação esparsa, que estipulam obrigações inerentes aos contratos, "[...] daí a relatividade do princípio *pacta sunt servanda* em sede Trabalhista [...] é que no contrato do trabalho a vontade das partes não é plena, mas limitada

---

[183] PRUNES, José Luiz Ferreira. *Justa causa e despedida indireta*. 2. ed. Curitiba: Juruá, 2002, p. 350.

[184] GOMES, Orlando; GOTTSCHALK, Elson. *Curso de direito do trabalho*. Rio de Janeiro: Forense, 2007, p. 199. (grifo do autor).

[185] BRASIL. *Decreto-lei nº 5.452, de 1º de maio de 1943 [CLT]*. Aprova a Consolidação das Leis do Trabalho. Disponível em: <http://www.planalto.gov.br/ccivil_03/decreto-lei/del5452.htm>. Acesso em: 19 dez. 2012.

[186] BRASIL. Constituição (1988). *Constituição da República Federativa do Brasil de 1988*. Disponível em: <http://www.planalto.gov.br/ccivil_03/constituicao/constitui%C3%A7ao.htm>. Acesso em: 19 dez. 2012.

ao que permite a lei",[187] como disposto no art. 444 da CLT.[188] A exemplo disso, pode-se citar o salário cujo valor é pactuado entre as partes contratantes; todavia, a lei impõe que esse valor não pode ser inferior a um salário mínimo por mês.[189]

Quanto a essa hipótese ensejadora de rescisão indireta (alínea *d* do art. 483 da CLT)[190] há divergência doutrinária e jurisprudencial, mais precisamente sobre os atos que constituem ou não o descumprimento contratual. Há uma corrente que segue a *letra da lei*, defendendo que as obrigações mencionadas no artigo dizem respeito somente às cláusulas contratuais pactuadas entre as partes e outra que defende que as obrigações são tanto as contratuais como as que emanam do direito público (leis e acordos normativos).

Sérgio Pinto Martins[191] defende que as obrigações de que trata o inciso em análise são, exclusivamente, as decorrentes do contrato de trabalho e não as advindas de lei ou norma coletiva. Segundo ele, a "Infração à lei não é descumprimento de obrigações contidas no contrato".[192] Compartilha desse entendimento Vólia Bonfim Cassar.[193]

Diferentemente do citado posicionamento encontra-se a doutrina de José Luiz Ferreira Prunes:[194] "Boa parte dos fatos correspondentes a esta causa de 'despedida indireta' são tanto por violação do contrato como também violação da lei". Compartilham desse último en-

---

[187] OLIVEIRA, Francisco Antônio de. *Curso de direito do trabalho.* São Paulo: LTr, 2011, p. 787.

[188] "Art. 444. As relações contratuais de trabalho podem ser objeto de livre estipulação das partes interessadas em tudo quanto não contravenha às disposições de proteção ao trabalho, aos contratos coletivos que lhes sejam aplicáveis e às decisões das autoridades competentes". BRASIL. *Decreto-lei n° 5.452, de 1° de maio de 1943 [CLT].* Aprova a Consolidação das Leis do Trabalho. Disponível em: <http://www.planalto.gov.br/ccivil_03/decreto-lei/del5452.htm>. Acesso em: 19 dez. 2012.

[189] "Art. 7° São direitos dos trabalhadores urbanos e rurais, além de outros que visem à melhoria de sua condição social: [...] VII – garantia de salário, nunca inferior ao mínimo, para os que percebem remuneração variável". BRASIL. Constituição (1988). *Constituição da República Federativa do Brasil de 1988.* Disponível em: <http://www.planalto.gov.br/ccivil_03/constituicao/constitui%C3% A7ao.htm>. Acesso em: 19 dez. 2012.

[190] BRASIL. *Decreto-lei n° 5.452, de 1° de maio de 1943 [CLT].* Aprova a Consolidação das Leis do Trabalho. Disponível em: <http://www.planalto.gov.br/ccivil_03/decreto-lei/del5452.htm>. Acesso em: 19 dez. 2012.

[191] MARTINS, Sérgio Pinto. *Manual da justa causa.* 4. ed. São Paulo: Atlas, 2010, p. 218.

[192] Idem, p. 218.

[193] CASSAR, Vólia Bonfim. *Direito do trabalho.* 5. ed. Niterói: Impetus, 2011, p. 1169.

[194] PRUNES, José Luiz Ferreira. *Justa causa e despedida indireta.* 2. ed. Curitiba: Juruá, 2002, p. 351.

tendimento Luciano Rossignolli Salem,[195] Alice Monteiro de Barros,[196] Wagner Giglio,[197] Francisco Ferreira Jorge Neto e Jouberto de Quadros Pessoa Cavalcante;[198] Maurício Godinho Delgado.[199]

Luciano Rossignolli Salem[200] diz que essa falta (descumprimento do contrato) é muito abrangente, pois há várias formas de descumprimento por parte do empregador que podem dar ensejo à despedida indireta. Assim, leciona:

> Mas, o que são as regras legais e administrativas senão regras contratadas pelas partes, embora sem necessidade de manifestação? A partir da celebração do contrato, as normas legais fazem parte dele e as partes sabem, têm consciência disso e aceitam. Apenas, não precisam discriminar tais regras. Porque já estão na legislação.[201]

Abrandando o radicalismo das correntes doutrinárias, Wilson de Souza Campos Batalha[202] defende a ponderação de cada situação concreta para só assim poder-se afirmar se ela é grave o bastante para caracterizar descumprimento contratual, ou se pode ser sanada para manter a relação empregatícia:

> [...] não é qualquer descumprimento a obrigações contratuais por parte do empregador que ensejará a rescisão indireta. É indispensável que o descumprimento seja grave, prejudicial à subsistência do trabalhador e que não possa

---

[195] "É de considerar-se novamente que tanto as obrigações convencionadas, estipuladas pelas vontades das próprias partes, como as inerentes ao contrato por convenções, regulamentações, legislações são obrigações do contrato e devem ser cumpridas". SALEM, Luciano Rossignolli; SALEM, Diná Rossignolli. *Justa causa e despedida indireta*. São Paulo: Jurídica Brasileira, 1995, p. 405.

[196] BARROS, Alice Monteiro de. *Curso de direito do trabalho*. 8. ed. São Paulo: LTr, 2012, p. 724.

[197] "[...] parece-nos que as 'obrigações do contrato' decorrem tanto das normas de natureza imperativa como das de caráter dispositivo, posto que as duas espécies integram o contrato de trabalho; e que o descumprimento, pelo empregador, de *quaisquer obrigações*, sejam elas *legais, convencionais, normativas*, ou *contratuais*, autoriza a rescisão do vínculo por iniciativa do empregado, com base na justa causa em estudo". GIGLIO, Wagner. *Justa causa*. 7. ed. São Paulo: Saraiva, 2000, p. 403.

[198] JORGE NETO, Francisco Ferreira; CAVALCANTE, Jouberto de Quadros Pessoa. *Curso de direito do trabalho*. 2. ed. São Paulo: Atlas, 2012, p. 311.

[199] DELGADO, Maurício Godinho. *Curso de direito do trabalho*. 9. ed. São Paulo: LTr, 2010, p. 1137.

[200] SALEM, Luciano Rossignolli; SALEM, Diná Rossignolli. *Justa causa e despedida indireta*. São Paulo: Jurídica Brasileira, 1995, p. 39.

[201] Idem, p. 406.

[202] BATALHA, Wilson de Souza Campos. *Rescisão contratual trabalhista e a trilogia do desemprego*. 3. ed. São Paulo: LTr, 2000, p. 143.

ser reparado com a urgência que se torne necessária. Ao juiz caberá a análise das circunstâncias para verificar até que ponto o descumprimento das obrigações possa comportar reparação por meio de reclamação e a partir de que ponto se justifica a rescisão indireta pela insuportabilidade do descumprimento contratual e o prejuízo para a subsistência do trabalhador e de sua família.

Podem-se citar como exemplos de descumprimento contratual por parte do empregador, com a máxima *vênia* às divergências doutrinárias e jurisprudenciais: mora salarial;[203] falta de fornecimento de trabalho;[204] falta do recolhimento dos depósitos do FGTS;[205] alterações unilaterais no contrato, sobretudo se prejudiciais ao empregado.[206] Por fim, na hipótese sob análise, não se perquire a intenção do empregador, sendo que a conduta de descumprimento, mesmo sem a intenção de prejudicar o empregado, já configura a falta grave.[207] Basta que haja dano ao empregado[208] para que a falta exista.

3.3.5. Ato lesivo da honra e boa fama, contra o empregado ou pessoas de sua família

Segundo Sérgio Pinto Martins,[209] a honra mencionada pela lei (alínea *e*, art. 483, CLT)[210] seria a subjetiva, que abrange a imagem que o sujeito tem de si mesmo, e a boa fama seria a honra objetiva, que é a imagem do indivíduo perante as outras pessoas. Assim, pode o empregador atingir, com sua conduta, tanto a honra do empregado quanto a boa fama (reputação) dele. O ato lesivo ofende a dignidade, o decoro, a imagem e a reputação do obreiro. O ato faltoso pode ser direcionado ao empregado ou a alguma pessoa de sua família.

---

[203] BARROS, Alice Monteiro de. *Curso de direito do trabalho*. 8. ed. São Paulo: LTr, 2012, p. 724.

[204] MARTINS, Sérgio Pinto. *Manual da justa causa*. 4. ed. São Paulo: Atlas, 2010, p. 219.

[205] GIGLIO, Wagner. *Justa causa*. 7. ed. São Paulo: Saraiva, 2000, p. 408.

[206] ALMEIDA, Amador Paes de. *CLT comentada: legislação, doutrina, jurisprudência*. 6. ed. São Paulo: Saraiva, 2009, p. 252.

[207] MARTINS, Sérgio Pinto. *Manual da justa causa*. 4. ed. São Paulo: Atlas, 2010, p. 218.

[208] SALEM, Luciano Rossignolli; SALEM, Diná Rossignolli. *Justa causa e despedida indireta*. São Paulo: Jurídica Brasileira, 1995, p. 410.

[209] MARTINS, Sérgio Pinto. *Manual da justa causa*. 4. ed. São Paulo: Atlas, 2010, p. 230.

[210] BRASIL. *Decreto-lei n° 5.452, de 1° de maio de 1943 [CLT]*. Aprova a Consolidação das Leis do Trabalho. Disponível em: <http://www.planalto.gov.br/ccivil_03/decreto-lei/del5452.htm>. Acesso em: 14 dez. 2012.

A lei não especifica o local em que, praticado o ato, se configura a hipótese em apreço, por isso a doutrina entende que a ofensa pode dar-se tanto no ambiente de trabalho quanto fora dele. Além de ensejar a rescisão indireta, a ofensa à honra ou boa fama do empregado ou de seus familiares caracteriza, dependendo da situação, os crimes de calúnia, difamação ou injúria, previstos nos artigos 138, 139 e 140, respectivamente, do Código Penal brasileiro (CP).[211] Não é necessário que a falta coincida com uma das figuras delituosas já citadas, embora isso ocorra em muitas ocasiões.[212]

3.3.6. *Ofensas físicas, salvo em caso de legítima defesa, própria ou de outrem*

Se o empregador ou preposto atingir fisicamente o empregado (alínea *f*, art. 483, CLT),[213] ocorre a justa causa patronal, ensejando a rescisão indireta. Aqui não se perquire se ocorreu a lesão corporal nem a gravidade como no Código Penal;[214] a CLT[215] já tem como grave a própria conduta de agressão ao trabalhador.

---

[211] "Art. 138. Caluniar alguém, imputando-lhe falsamente fato definido como crime: Pena – detenção, de seis meses a dois anos, e multa. § 1° Na mesma pena incorre quem, sabendo falsa a imputação, a propala ou divulga. § 2° É punível a calúnia contra os mortos. § 3° Admite-se a prova da verdade, salvo: I – se, constituindo o fato imputado crime de ação privada, o ofendido não foi condenado por sentença irrecorrível; II – se o fato é imputado a qualquer das pessoas indicadas no n° I do art. 141; III – se do crime imputado, embora de ação pública, o ofendido foi absolvido por sentença irrecorrível. Art. 139. Difamar alguém, imputando-lhe fato ofensivo à sua reputação: Pena – detenção, de três meses a um ano, e multa. Parágrafo único – A exceção da verdade somente se admite se o ofendido é funcionário público e a ofensa é relativa ao exercício de suas funções. Art. 140. Injuriar alguém, ofendendo-lhe a dignidade ou o decoro: Pena – detenção, de um a seis meses, ou multa. § 1° O juiz pode deixar de aplicar a pena: I – quando o ofendido, de forma reprovável, provocou diretamente a injúria; II – no caso de retorsão imediata, que consista em outra injúria. § 2° Se a injúria consiste em violência ou vias de fato, que, por sua natureza ou pelo meio empregado, se considerem aviltantes: Pena – detenção, de três meses a um ano, e multa, além da pena correspondente à violência. § 3° Se a injúria consiste na utilização de elementos referentes a raça, cor, etnia, religião, origem ou a condição de pessoa idosa ou portadora de deficiência: Pena – reclusão de um a três anos e multa". BRASIL. *Decreto-lei n° 2.848, de 7 de dezembro de 1940.* Código Penal. Disponível em: <http://www.planalto. gov.br/ccivil_03/decreto-lei/del2848 compilado.htm>. Acesso em: 14 dez. 2012.

[212] BARROS, Alice Monteiro de. *Curso de direito do trabalho.* 8. ed. São Paulo: LTr, 2012, p. 727.

[213] BRASIL. *Decreto-lei n° 5.452, de 1° de maio de 1943 [CLT].* Aprova a Consolidação das Leis do Trabalho. Disponível em: <http://www.planalto.gov.br/ccivil_03/decreto-lei/del5452.htm>. Acesso em: 14 dez. 2012.

[214] BRASIL. *Decreto-lei n° 2.848, de 7 de dezembro de 1940.* Código Penal. Disponível em: <http:// www.planalto.gov.br/ccivil_03/decreto-lei/del2848 compilado.htm>. Acesso em: 14 dez. 2012.

[215] BRASIL. *Decreto-lei n° 5.452, de 1° de maio de 1943 [CLT].* Aprova a Consolidação das Leis do Trabalho. Disponível em: <http://www.planalto.gov.br/ccivil_03/decreto-lei/del5452.htm>. Acesso em: 20 dez. 2012.

A falta é de tamanha gravidade que pode ser cometida tanto no ambiente de trabalho como fora dele. O ato da ofensa física não precisa ter sido concretizado, basta a tentativa de praticá-lo, nos moldes do inciso II do art. 14 do CP,[216] o qual dispõe que o crime é "[...] tentado quando, iniciada a execução, não se consuma por circunstâncias alheias à vontade do agente".

Ainda, Sérgio Pinto Martins[217] defende ser necessária a vontade do agente agressor, ou seja, o empregador ou preposto tem que agir com a finalidade de ofender fisicamente o obreiro. Por fim, se o empregador ou o preposto age em legítima defesa,[218] reagindo ao anterior ataque do empregado, não está caracterizada a conduta faltosa, não havendo que se falar ocorrência de justa causa (pelo menos não do empregador ou do preposto, mas sim do empregado).

3.3.7. Redução do trabalho, sendo este por peça ou tarefa, de forma a afetar sensivelmente a importância dos salários

Essa hipótese abarca os trabalhadores que possuem remuneração variável, dependente de peça ou tarefa realizada. Para a caracterização do previsto no dispositivo em análise (alínea *g*, art. 483, CLT),[219] o empregador tem que dar causa à redução, ou até à supressão, de tarefas, de peças ou comissões.[220] Segundo Alice Monteiro de Barros:[221]

O fundamento da falta consiste na circunstância de competir ao empregador propiciar serviço ao empregado. Se ele reduz o serviço de forma a afetar sensivelmente o ganho do trabalhador, essa falta se delineia. É o que ocorre quando o salário do comissionista é reduzido por falta do produto vendido no mercado.

---

[216] BRASIL. *Decreto-lei n° 2.848, de 7 de dezembro de 1940*. Código Penal. Disponível em: <http://www.planalto.gov.br/ccivil_03/decreto-lei/del2848compilado.htm>. Acesso em: 14 dez. 2012.

[217] MARTINS, Sérgio Pinto. *Manual da justa causa*. 4. ed. São Paulo: Atlas, 2010, p. 241.

[218] "Art. 25. Entende-se em legítima defesa quem, usando moderadamente dos meios necessários, repele injusta agressão, atual ou iminente, a direito seu ou de outrem". BRASIL. *Decreto-lei n° 2.848, de 7 de dezembro de 1940*. Código Penal. Disponível em: <http://www.planalto.gov.br/ccivil_03/decreto-lei/del2848compilado.htm>. Acesso em: 14 dez. 2012.
MARTINS, Sérgio Pinto. *Manual da justa causa*. 4. ed. São Paulo: Atlas, 2010, p. 241.

[219] BRASIL. *Decreto-lei n° 5.452, de 1° de maio de 1943 [CLT]*. Aprova a Consolidação das Leis do Trabalho. Disponível em: <http://www.planalto.gov.br/ccivil_03/decreto-lei/del5452.htm>. Acesso em: 14 dez. 2012.

[220] ALMEIDA, Amador Paes de. *CLT comentada: legislação, doutrina, jurisprudência*. 6. ed. São Paulo: Saraiva, 2009, p. 252.

[221] BARROS, Alice Monteiro de. *Curso de direito do trabalho*. 8. ed. São Paulo: LTr, 2012, p. 727.

A simples redução de encomendas pelo mercado não caracteriza essa hipótese, visto que a redução deve ser provocada pelo do empregador. Assim, não decorrendo a redução do serviço da culpa do empregador, a redução será considerada lícita, conforme entendimento do Tribunal Superior do Trabalho, na Orientação Jurisprudencial n° 244 da SDI-I.[222]

Sobre a redução salarial, o seu "[...] percentual deve ser analisado em cada caso concreto".[223] A redução tem que ser considerável e relevante, ensejando prejuízo econômico para o obreiro.

3.4. A ação de rescisão indireta e o seu funcionamento

Ocorrendo a falta patronal, surge o direito para o empregado rescindir o contrato de trabalho. Para isso, terá que se valer, obrigatoriamente, do Poder Judiciário, ingressando com reclamação trabalhista com pleito de reconhecimento da rescisão contratual cumulada com cobrança de verbas rescisórias. Ver-se-á, nesse item, aspectos pertinentes a essa ação judicial a ser proposta pelo trabalhador.

3.4.1. Elementos: gravidade e atualidade

Para que a justa causa do empregador seja reconhecida em juízo, é preciso que a falta patronal seja grave e atual, ou seja, deve conter os requisitos da gravidade e atualidade (este último também citado como imediação,[224] imediatidade[225] ou contemporaneidade).[226] A análise da presença desses requisitos na conduta inidônea do empregador

---

[222] PROFESSOR. REDUÇÃO DA CARGA HORÁRIA. POSSIBILIDADE. A redução da carga horária do professor, em virtude da diminuição do número de alunos, não constitui alteração contratual, uma vez que não implica redução do valor da hora-aula. BRASIL. Tribunal Superior do Trabalho. *Orientação jurisprudencial transitória 244*. 20 jun. 2001. Disponível em: <http://www3.tst.jus.br/ jurisprudencia/OJ_SDI_1/n_s1_241.htm#TEMA244>. Acesso em: 14 dez. 2012.

[223] MARTINS, Sérgio Pinto. *Manual da justa causa*. 4. ed. São Paulo: Atlas, 2010, p. 246.

[224] Idem, p. 197.

[225] SILVA, Leônio José Alves da. Limites e efeitos da imediatidade nas reclamações trabalhistas com pedido de rescisão indireta do contrato de trabalho: por uma nova leitura do art. 483 da CLT. *Revista do Tribunal Regional do Trabalho da 6ª Região*, Recife, ano 10, n.25, p. 89. 2007.

[226] CASSAR, Vólia Bonfim. *Direito do trabalho*. 5. ed. Niterói: Impetus, 2011, p. 1161.

será feita pelo Judiciário, que levará em conta a conduta e o comportamento das partes, o ambiente de trabalho, etc.

A falta cometida pelo empregador tem que ser grave, de maneira que a relação entre ele e o empregado se torne insuportável, não sendo mais possível a manutenção do contrato laboral. A apreciação da gravidade deve ser feita de forma abstrata, ou seja, não é levada em consideração a vontade ou os motivos que levaram a incorrer em justa causa.[227] A conduta do empregador deve ser "[...] suficientemente grave para ensejar a quebra da confiança recíproca necessária à continuidade da relação de emprego [...]".[228]

Sobre a atualidade da falta, não há previsão do lapso temporal que possa transcorrer entre a falta e a ação de rescisão.[229] Apesar disso, Carmen Camino[230] defende que a ação deve ser proposta dentro de trinta dias, havendo afastamento do emprego, para que seja afastada a possibilidade de abandono de emprego.

Entende a doutrina majoritária que o empregado deve pleitear a rescisão indireta tão logo ocorra a falta grave, sob pena de se configurar o perdão tácito.[231] "Em cada situação concreta, o princípio da razoabilidade informará o tempo limite [...]"[232] para que a falta não seja descaracterizada como grave.

Em geral, a doutrina defende que para o reconhecimento da rescisão indireta deve haver o requisito da atualidade. Todavia, Leônio José Alves da Silva[233] discorda da tese, enfatizando a hipossuficiência do trabalhador que, muitas vezes, deve ter tempo para ponderar entre relevar a falta grave do empregador e preservar o vínculo patronal, ou ver o seu contrato rescindido, pois deve avaliar se conseguirá outro

---

[227] CASSAR, Vólia Bonfim. *Direito do trabalho*. 5. ed. Niterói: Impetus, 2011, p. 1161.

[228] SCHWARZ, Rodrigo Garcia. *Direito do trabalho*. Rio de Janeiro: Elsevier, 2007, p. 195.

[229] Segundo Hélio Miranda Guimarães, "o art. 483 não fixa prazo algum para o exercício da faculdade nele contida. Não pode, por isso mesmo, o julgador determinar lapso de tempo para tanto. É exorbitância sem respaldo legal algum". GUIMARÃES, Hélio de Miranda. Despedida indireta. *Revista de direito do trabalho*, São Paulo, ano 10, n. 53, p. 34, jan./fev. 1985.

[230] CAMINO, Carmen. *Direito individual do trabalho*. 4. ed. Porto Alegre: Síntese, 2004, p. 512.

[231] Ocorrendo o perdão tácito da infração cometida pelo empregador, não terá o empregado direito à rescisão do contrato de trabalho.

[232] ALEXANDRINO, Marcelo. *Direito do trabalho*. 9. ed. Rio de Janeiro: Impetus, 2006, p. 333.

[233] SILVA, Leônio José Alves da. Limites e efeitos da imediatidade nas reclamações trabalhistas com pedido de rescisão indireta do contrato de trabalho: por uma nova leitura do art. 483 da CLT. *Revista do Tribunal Regional do Trabalho da 6ª Região*, Recife, ano 10, n.25, p. 89. 2007.

emprego para o seu sustento. Assim, pensa que o requisito da imediatidade não deve ser reconhecido de forma absoluta:

> Exigir que o empregado ingresse em juízo imediatamente após ter sido alvo de quaisquer das situações justificadoras da rescisão indireta do contrato de trabalho, pode desprezar a realidade econômica presente em todo o País, pois ao trabalhador, como sujeito nitidamente hipossuficiente na relação jurídica laboral, seria desproporcional impor as mesmas exigências contidas na ruptura contratual por parte do empregador com fulcro na justa causa trabalhista.[234]

Ainda sobre o posicionamento do autor acima citado, seguem julgados do Tribunal Superior do Trabalho:

> AGRAVO DE INSTRUMENTO EM RECURSO DE REVISTA. 1. RESCISÃO INDIRETA. RESCISÃO INDIRETA DO CONTRATO DE TRABALHO. IMEDIATIDADE. A jurisprudência deste Tribunal inclina-se no sentido da mitigação do princípio da imediatidade pelo trabalhador para manifestar o seu inconformismo com a conduta faltosa patronal, especialmente em razão da condição de hipossuficiente do empregado. Assim, a divergência jurisprudencial colacionada encontra óbice no art. 896, § 4º, da CLT e nas Súmulas nos 297 e 333 do TST. 2. DANO MORAL. O único aresto trazido a confronto esbarra no óbice da OJ nº 111 da SDI-1 do TST. Agravo de instrumento conhecido e não provido.[235]

> RECURSO DE REVISTA. RESCISÃO INDIRETA. É entendimento assente nesta Corte que não se deve aplicar o princípio da imediatidade nas hipóteses de rescisão indireta do contrato de emprego. Isso porque a inércia do trabalhador em ajuizar demanda logo após o cometimento de falta por parte do empregador não pode ser interpretado como um perdão tácito, sobretudo em face de sua posição hipossuficiente na relação empregatícia, na qual tem de se submeter a situações prejudiciais como forma de manutenção do emprego para sustento próprio e de sua família. Precedentes. Recurso de Revista não conhecido.[236]

---

[234] SILVA, Leônio José Alves da. Limites e efeitos da imediatidade nas reclamações trabalhistas com pedido de rescisão indireta do contrato de trabalho: por uma nova leitura do art. 483 da CLT. *Revista do Tribunal Regional do Trabalho da 6ª Região*, Recife, ano 10, n.25, p. 89. 2007.

[235] BRASIL. Tribunal Superior do Trabalho. *Agravo de instrumento em recurso de revista. AIRR – 67-44.2011.5.03.0139*, da 8ª Turma. Agravante: CONTAX S.A. Agravado: Rita De Cássia Oliveira Santos E Telemar Norte Leste S.A. Relatora Ministra: Dora Maria da Costa. Data de Julgamento: 16 de maio de 2012, Data de Publicação: 18 de maio de 2012. Disponível em: <http://aplicacao5. tst.jus.br/ consultaunificada2/inteiroTeor.do?action=printInteiroTeor&format=html&highligh t=true&numeroFormatado=AIRR%20-%2067-44.2011.5.03.0139&base=acordao&rowid=AAAN GhABIAAACstAAK&data Publicacao=18/05/2012&query=contax>. Acesso em: 14 dez. 2012.

[236] BRASIL. Tribunal Superior do Trabalho. *Recurso de revista. RR – 1207-93.2011.5.03.0081*, da 4ª Turma. Recorrente: Novacar Comércio de Veículos, Peças E Serviços LTDA. Recorrido Rui Maurício da Silva. Relatora Ministra: Maria de Assis Calsing, Data de Julgamento: 21 de novembro de 2012, Data de Publicação: 23 de novembro de 2012. Disponível em: <http://aplicacao5.tst. jus.br/consultaunificada2/inteiroTeor.do?action=printInteiroTeor&format=html&highlight=t rue&numeroFormatado=RR%20-%201207-93.2011.5.03.0081&base=acordao&rowid=AAANGh

Pode-se observar que o TST tem adotado, com brilhantismo, o posicionamento da mitigação[237] e até mesmo, em alguns casos, afastamento do requisito da imediatidade nas justas causa patronais. Isso decorre do princípio da proteção ao trabalhador, o qual norteia a aplicação das regras trabalhistas de acordo com a realidade do empregado, na qual, muitas vezes, prefere-se preservar a relação empregatícia em benefício da manutenção do sustento próprio e de sua família.

3.4.2. Ônus da prova

Para a comprovação da conduta faltosa do empregador utiliza-se a regra geral do artigo 333 do Código de Processo Civil (CPC),[238] aplicável ao Direito do Trabalho por força do disposto no 818 da CLT,[239] em que consta que ao autor cabe a comprovação do fato constitutivo do seu direito. É esse o posicionamento de Wagner Giglio:[240] "[...] se o empregador nega, em juízo, a existência do fato ou dos fatos que lhe foram imputados pelo empregado, como configuradores de justa causa prevista no art. 483, deste é o ônus de prová-los, *pois são eles que constituem seu direito às verbas rescisórias*".

Assim: "O reconhecimento da *rescisão indireta* ou *despedida indireta* está condicionado à prova, pelo empregado, da conduta faltosa, atribuída ao empregador, que enseja a anômala ruptura contratual".[241] Se a falta grave é o fato que constitui o direito à rescisão indireta do contrato de trabalho, deverá o empregado, autor da ação, comprová-la.

3.4.3. Afastamento do emprego

Há autores que defendem que o afastamento do empregado do serviço é uma faculdade concedida a este assim que o empregador

---

AAFAAAKzZAAT& dataPublicacao =23/11/2012&query=recurso%20de%20revista%20rescis ao%20indireta>. Acesso em: 14 dez. 2012.

[237] SCHWARZ, Rodrigo Garcia. *Direito do trabalho*. Rio de Janeiro: Elsevier, 2007, p. 194.

[238] BRASIL. *Lei nº 5.869, de 11 de janeiro de 1973*. Institui o Código de Processo Civil. Disponível em: <http://www.planalto.gov.br/ccivil_03/leis/L5869compilada.htm>. Acesso em: 15 dez. 2012.

[239] "Art. 818 – A prova das alegações incumbe à parte que as fizer". BRASIL. *Decreto-lei nº 5.452, de 1º de maio de 1943 [CLT]*. Aprova a Consolidação das Leis do Trabalho. Disponível em: <http://www.planalto.gov.br/ccivil_03/decreto-lei/del5452.htm>. Acesso em: 19 dez. 2012.

[240] GIGLIO, Wagner. *Justa causa*. 7. ed. São Paulo: Saraiva, 2000, p. 368. (grifo do autor).

[241] SCHWARZ, Rodrigo Garcia. *Direito do trabalho*. Rio de Janeiro: Elsevier, 2007, p. 193. (grifo do autor).

comete a falta grave, ou seja, pode aquele pleitear judicialmente a rescisão do contrato de trabalho, deixando ou não o emprego, comunicando sua escolha e os motivos na petição inicial. É o posicionamento de Maurício Godinho Delgado,[242] Valentin Carrion,[243] Hélio de Miranda Guimarães,[244] Carmen Camino,[245] entre outros, os quais defendem que o afastamento é inerente a todas as situações propiciadoras da ruptura do contrato por falta empresarial (alíneas do art. 483 da CLT).[246] "A propósito, o não afastamento do empregado, de certo modo, pode até mesmo conspirar contra sua pretensão resolutória, uma vez que sugere, em face de sua permanência no serviço, que a afronta empresarial não foi, assim, afinal, tão grave como suposto".[247]

Autores como Alice Monteiro de Barros[248] e Idelson Ferreira[249] defendem o posicionamento de que o empregado só tem a faculdade de permanecer no emprego ou não nas hipóteses das alíneas *d* e *g* do art. 483 da CLT,[250] a teor do seu § 3º. Nas demais hipóteses do supracitado artigo,[251] o empregado seria obrigado a deixar o emprego, pois a rescisão operar-se-ia *ope iuris*, deixando à análise judicial somente o pleito das verbas rescisórias devidas.[252]

---

[242] DELGADO, Maurício Godinho. *Curso de direito do trabalho*. 9. ed. São Paulo: LTr, 2010, p. 1141.

[243] CARRION, Valentin. *Comentários à consolidação das leis do trabalho*. 32. ed. São Paulo: Saraiva, 2009, p. 389.

[244] De acordo com este autor, como o *caput* do art. 483 da CLT utiliza a expressão *poderá*, "[...] exigir forçosamente, como dever legal, o afastamento do emprego por parte do empregado,é crassa erronia. É confundir conceitos inconfundíveis". GUIMARÃES, Hélio de Miranda. Despedida indireta. *Revista de Direito do Trabalho*, São Paulo, ano 10, n. 53, p. 34, jan./fev. 1985.

[245] CAMINO, Carmen. *Direito individual do trabalho*. 4. ed. Porto Alegre: Síntese, 2004, p. 512.

[246] BRASIL. *Decreto-lei nº 5.452, de 1º de maio de 1943 [CLT]*. Aprova a Consolidação das Leis do Trabalho. Disponível em: <http://www.planalto.gov.br/ccivil_03/decreto-lei/del5452.htm>. Acesso em: 15 dez. 2012.

[247] DELGADO, Maurício Godinho. *Curso de direito do trabalho*. 9. ed. São Paulo: LTr, 2010, p. 1141.

[248] BARROS, Alice Monteiro de. *Curso de direito do trabalho*. 8. ed. São Paulo: LTr, 2012, p. 730.

[249] FERREIRA, Idelson. Da rescisão indireta do contrato de trabalho, equívocos e consequências. *Suplemento Trabalhista*, São Paulo, ano 47, p. 156, 2001.

[250] BRASIL. *Decreto-lei nº 5.452, de 1º de maio de 1943 [CLT]*. Aprova a Consolidação das Leis do Trabalho. Disponível em: <http://www.planalto.gov.br/ccivil_03/decreto-lei/del5452.htm>. Acesso em: 15 dez. 2012.

[251] Idem.

[252] CASSAR, Vólia Bonfim. *Direito do trabalho*. 5. ed. Niterói: Impetus, 2011, p. 1162.

O ponto de discórdia encontra-se no § 3º do art. 483 da CLT,[253] o qual dispõe que "nas hipóteses das letras 'd' e 'g', poderá o empregado pleitear a rescisão de seu contrato de trabalho e o pagamento das respectivas indenizações, permanecendo ou não no serviço até final decisão do processo". Esse dispositivo enseja dois entendimentos: o de que o empregado só tem a faculdade de deixar o emprego nas alíneas *d* e *g*, sendo que nos demais casos será obrigado a deixá-lo;[254] e o de que a faculdade só poderia ser exercida nas alíneas *d* e *g* enquanto nos demais casos o empregado teria que continuar no emprego até a decisão do processo.[255]

Francisco Antonio de Oliveira[256] leciona que deve ser seguida a regra do *caput* do art. 483[257] para todas as hipóteses do artigo, no qual o empregado poderá declarar rescindido o contrato, ou seja, poderá deixar o emprego imediatamente à ocorrência da falta patronal, ou pleitear a rescisão no judiciário, permanecendo no emprego até a sentença. Nas suas palavras:

> [...] preferível que se deixe ao alvedrio do empregado afastar-se ou não. Ele, e somente ele, poderá, vivenciando a realidade, dizer se conseguirá ou não permanecer trabalhando. Temos para nós que a intromissão do legislador, ao introduzir o § 3º, foi desastrosa, piorando a situação.

Por fim, o juiz analisará o afastamento ou não do empregado de acordo com o caso concreto e as provas apresentadas. Na sentença, que será vista adiante, pronunciará o seu entendimento pela licitude ou não, tanto do afastamento quanto da rescisão indireta.[258]

---

[253] BRASIL. *Decreto-lei nº 5.452, de 1º de maio de 1943 [CLT]*. Aprova a Consolidação das Leis do Trabalho. Disponível em: <http://www.planalto.gov.br/ccivil_03/decreto-lei/del5452.htm>. Acesso em: 15 dez. 2012.

[254] Sérgio Pinto Martins defende que "nas hipóteses das alíneas *a, b, c, d* e *f* do art. 483 da CLT, deve-se entender que o empregado deve afastar-se do emprego e propor a ação com as reparações respectivas". MARTINS, Sérgio Pinto. *Manual da justa causa*. 4. ed. São Paulo: Atlas, 2010, p. 197.

[255] OLIVEIRA, Francisco Antonio de. *Curso de direito do trabalho*. São Paulo: LTr, 2011, p. 788.

[256] Idem, p. 792.

[257] BRASIL. *Decreto-lei nº 5.452, de 1º de maio de 1943 [CLT]*. Aprova a Consolidação das Leis do Trabalho. Disponível em: <http://www.planalto.gov.br/ccivil_03/decreto-lei/del5452.htm>. Acesso em: 15 dez. 2012.

[258] Neste sentido, o Tribunal Regional do Trabalho da 4ª Região reconhece que o afastamento do empregado seguido da propositura do pleito de rescisão indireta não se confunde com abandono de emprego, visto que é uma opção conferida pela lei ao empregado: "Com efeito, o afastamento do trabalho e ajuizamento de ação trabalhista pelo empregado em ato contínuo, buscando o reconhecimento de rescisão indireta, demonstram sua intenção de pôr fim ao liame contratual em razão da falta grave do empregador, o que não se confunde com o abandono de

3.4.4. Iniciativa do empregado/reclamante

Quando a justa causa praticada pelo empregador torna a relação empregatícia intolerável, cabe ao empregado, como já visto, escolher pelo término ou não do contrato de trabalho. Optando ele por rescindi-lo, ingressará com ação trabalhista com pleito de rescisão indireta[259] (cumulado com pedido de verbas rescisórias), ou seja, o pacto laboral será extinto a partir da sua declaração de vontade perante o Judiciário.

"A quebra do pacto se dá por iniciativa do assalariado – com justa causa – porque o dador de trabalho fez uma violação legal ou contratual".[260] Diante disso, pode-se dizer que, apesar de a causa dar-se por culpa do empregador, a rescisão só se opera mediante a vontade e a iniciativa do empregado, "[...] por intermédio de propositura de ação visando pronunciamento judicial que ponha fim ao contrato".[261] Por isso é que o *caput* do art. 483 da CLT[262] dispõe sobre a *faculdade* do empregado em cessar ou não o vínculo empregatício.

3.4.5. Sentença

A sentença irá declarar ou não a ocorrência de justa causa por parte do empregador ou de seus prepostos. Caso seja constatada a falta grave, a sentença irá fixar a data da resolução do contrato para que possa ser calculado o montante das verbas rescisórias.

---

emprego. O procedimento adotado pela reclamante é amparado pelo § 3º do artigo 483 da CLT. Observe-se que o ajuizamento da ação ocorreu poucos dias após o afastamento. Neste contexto não é possível verificar o *animus abandonandi*, elemento subjetivo crucial para tipificar o abandono de emprego". BRASIL. Tribunal Regional do Trabalho (4. Região). *Recurso ordinário nº 0001329-23.2010.5.04.0014*. Recorrente: CCI – Centro de Cirurgia Infantil Ltda. Recorrido: Ivan Reni Denardi. Relator: André Reverbel Fernandes. Porto Alegre, 26 de abril 2011. Disponível em: <http://gsa3.trt4.jus.br/ search?q=cache:PXsfPEfyaHkJ:iframe.trt4.jus.br/nj4_jurisp/jurispnovo.ExibirDocumentoJurisprudencia%3FpCodAndamento%3D41764143++centro+e+cirurgia+e+infantil++&client=jurisp&site=jurisp&output=xml_no_dtd&proxystylesheet=jurisp&ie=UTF-8&lr=lang_pt&access=p&oe=UTF-8>=2011-09-13& origem=TRT>. Acesso em: 16 dez. 2012.

[259] DELGADO, Maurício Godinho. *Curso de direito do trabalho.* 9. ed. São Paulo: LTr, 2010, p. 1139.

[260] PRUNES, José Luiz Ferreira. *Justa causa e despedida indireta.* 2. ed. Curitiba: Juruá, 2002, p. 313.

[261] GIGLIO, Wagner. *Justa causa.* 7. ed. São Paulo: Saraiva, 2000, p. 358.

[262] BRASIL. *Decreto-lei nº 5.452, de 1º de maio de 1943 [CLT]*. Aprova a Consolidação das Leis do Trabalho. Disponível em: <http://www.planalto.gov.br/ccivil_03/decreto-lei/del5452.htm>. Acesso em: 16 dez. 2012.

Se o empregado afastou-se do serviço antes da propositura da reclamação, e a falta patronal for reconhecida, "[...] *a data do afastamento demarca a data final do contrato de trabalho*".[263] Nesse caso, a sentença terá efeitos *ex tunc*, o que importa dizer que os efeitos da extinção contratual serão operados desde o afastamento.[264] Se não houve o afastamento do empregado, estando ele ainda a trabalhar, "[...] o efeito extintivo da sentença dar-se-á na data do respectivo trânsito em julgado".[265]

No caso em que não resta reconhecida a justa causa, "[...] a rescisão indireta converte-se em pedido de demissão".[266] Nesse sentido, julgado do Tribunal Regional do Trabalho da 2ª Região:

RESCISÃO INDIRETA, ABANDONO DE EMPREGO E PEDIDO DE DEMISSÃO. A descaracterização da justa causa patronal, por decisão judicial, importa, necessariamente, no reconhecimento do abandono de emprego, se o empregado deixou o serviço, para aguardar o resultado da demanda, ainda que se tenha utilizado da faculdade que lhe confere o § 3º do artigo 483, da CLT. Impossível considerar este afastamento como pedido de demissão, que constitui ato de direito potestativo pelo qual o trabalhador apenas dá ciência ao patrão de que não mais irá trabalhar, sem imputar-lhe nenhuma justa causa. A rescisão indireta e o pedido de demissão repelem-se recíproca e necessariamente, como respectivas formas de resolução e resilição do contrato de trabalho. Rejeitada a justa causa patronal, remanesce a saída abrupta e sem justificativa do trabalhador, o que caracteriza abandono de emprego. Recurso ordinário provido para afastar o pedido de demissão e reconhecer o abandono de emprego.[267]

Se o empregado afastou-se do emprego, com o objetivo de não mais voltar, propondo, logo após, a ação trabalhista, e não sendo reconhecida a falta grave patronal, "[...] a situação se equipara ao abandono de emprego, e os salários serão devidos sempre até o afastamento".[268]

---

[263] DELGADO, Maurício Godinho. *Curso de direito do trabalho*. 9. ed. São Paulo: LTr, 2010, p. 1142. (grifo do autor).

[264] DELGADO, Maurício Godinho. *Curso de direito do trabalho*. 9. ed. São Paulo: LTr, 2010, p. 1142.

[265] CAMINO, Carmen. *Direito individual do trabalho*. 4. ed. Porto Alegre: Síntese, 2004, p. 511.

[266] CASSAR, Vólia Bonfim. *Direito do trabalho*. 5. ed. Niterói: Impetus, 2011, p. 1162.

[267] BRASIL. Tribunal Regional do Trabalho (2. Região). *Recurso ordinário nº: 20000597672*. Recorrente: Faísca Empr San Ambiental Ltda e Roselita Maria da Silva. Recorrido: Faísca Empr San Ambiental Ltda e Roselita Maria da Silva. Relator: Fernando Antônio Sampaio da Silva, São Paulo, 6 de novembro de 2001. Disponível em: <http://www.jusbrasil.com.br/jurisprudencia/7534896/recurso-ordinario-record-20000597672-sp-20000597672-trt-2/inteiro-teor>. Acesso em: 16 dez. 2012.

[268] BARROS, Alice Monteiro de. *Curso de direito do trabalho*. 8. ed. São Paulo: LTr, 2012, p. 729.

Nessa hipótese, o empregado irá receber as verbas rescisórias devidas quando há o pedido de demissão.

3.5. Verbas rescisórias devidas na rescisão indireta

Como visto nos subitens supra mencionados, a despedida no caso da rescisão indireta ocorre indiretamente, ou seja, sua concretização dá-se pela iniciativa do empregado, mas porque o empregador deu motivos para tanto. Quanto às verbas devidas, "[...] a rescisão opera-se como se o empregado tivesse sido dispensado pelo empregador, sem justa causa".[269]

Serão devidas pelo empregador, em caso de rescisão indireta reconhecida judicialmente, as seguintes verbas rescisórias:

a) saldo de salários, se houver;

b) aviso prévio indenizado (com sua projeção contratual).[270] Quanto a esse item há previsão expressa na CLT, no § 4º do art. 487:[271] "§ 4º É devido o aviso prévio na despedida indireta";

c) férias indenizadas com 1/3 (as já adquiridas e ainda não gozadas serão pagas integralmente; as que não tiverem o período aquisitivo completo, serão pagas proporcionalmente);[272]

d) 13º salário proporcional;

e) indenização de 40% sobre os depósitos fundiários (Valentin Carrion[273] lembra que a indenização sobre os depósitos do fundo substitui a indenização estipulada no art. 478 da CLT);[274]

---

[269] PIROLLA, Paulo. *Contrato de trabalho*: aspectos jurídicos e prática empresarial. 1. ed. São Paulo, IOB, 2011, p. 718.

[270] DELGADO, Maurício Godinho. *Curso de direito do trabalho*. 9. ed. São Paulo: LTr, 2010, p. 1057.

[271] BRASIL. *Decreto-lei nº 5.452, de 1º de maio de 1943 [CLT]*. Aprova a Consolidação das Leis do Trabalho. Disponível em: <http://www.planalto.gov.br/ccivil_03/decreto-lei/del5452.htm>. Acesso em: 19 dez. 2012.

[272] Súmula 171 do TST: "Dispensa do Empregado – Remuneração Proporcionais das Férias – Extinção. Salvo na hipótese de dispensa do empregado por justa causa, a extinção do contrato de trabalho sujeita o empregador ao pagamento da remuneração das férias proporcionais, ainda que incompleto o período aquisitivo de 12 (doze) meses (art. 147 da CLT)".BRASIL. Tribunal Superior do Trabalho. *Súmula 171*. Disponível em: <http://www.dji.com.br/normas_inferiores/enunciado_tst/tst_0171.htm>. Acesso em: 19 dez. 2012.

[273] CARRION, Valentin. *Comentários à consolidação das leis do trabalho*. 32. ed. São Paulo: Saraiva, 2009, p. 389.

[274] "Art. 478 – A indenização devida pela rescisão de contrato por prazo indeterminado será de 1 (um) mês de remuneração por ano de serviço efetivo, ou por ano e fração igual ou superior

f) indenização adicional,[275] nos termos do art. 9º da Lei 7.238/84.[276]

Além de receber as verbas rescisórias, o empregado tem ainda o direito de sacar os valores depositados no FGTS e de habilitar-se ao seguro-desemprego.[277] Importante mencionar que o pedido de rescisão do contrato de trabalho e o pagamento das verbas rescisórias poderá ser cumulado com pleito de indenização por danos morais (assédio moral/assédio sexual) e/ou materiais (danos emergentes e/ou lucros cessantes).[278] Dependendo da motivação na qual se funda o término da relação empregatícia, além das verbas rescisórias, o empregador será condenado a pagar o(s) valor(es) da(s) indenização(ões).

---

a 6 (seis) meses". BRASIL. *Decreto-lei nº 5.452, de 1º de maio de 1943 [CLT]*. Aprova a Consolidação das Leis do Trabalho. Disponível em: <http://www.planalto.gov.br/ccivil_03/decreto-lei/del5452.htm>. Acesso em: 19 dez. 2012.

[275] "Se a despedida indireta ocorrer no período de trinta dias anteriores à data-base da categoria profissional, será devida uma indenização adicional equivalente a um salário mensal [...]". BATALHA. Wilson de Souza Campos. *Rescisão contratual trabalhista e a trilogia do desemprego*. 3. ed. São Paulo: LTr, 2000, p. 139.

[276] "Art 9º O empregado dispensado, sem justa causa, no período de 30 (trinta) dias que antecede a data de sua correção salarial, terá direito à indenização adicional equivalente a um salário mensal, seja ele optante ou não pelo Fundo de Garantia do Tempo de Serviço – FGTS". BRASIL. *Lei nº 7.238, de 29 de outubro de 1984*. Dispõe sobre a manutenção da correção automática semestral dos salários, de acordo com o Índice Nacional de Preços ao Consumidor – INPC, e revoga dispositivos do decreto-lei nº 2.065, de 26 de outubro de 1983. Disponível em: <http://www.planalto.gov.br/ccivil_03/leis/1980-1988/L7238.htm>. Acesso em: 19 dez. 2012.

[277] SCHWARZ, Rodrigo Garcia. *Direito do trabalho*. Rio de Janeiro: Elsevier, 2007, p. 195.

[278] CORTEZ, Julpiano Chaves. Condutas ilícitas: resolução do contrato de emprego. *Suplemento Trabalhista*, São Paulo, ano 46, p. 626, 2010.

4. Do cabimento da ação de rescisão indireta pelo não depósito do FGTS

Abordados os conceitos e funcionamento do FGTS e da Ação de Rescisão Indireta do contrato de trabalho, passar-se-á à análise do cabimento ou não da rescisão do pacto laboral pela falta de depósitos do FGTS pelo empregador.

É indiscutível, por constar na lei (art. 483, *d*, da CLT),[279] que o descumprimento das obrigações contratuais pelo empregador gera para o empregado o direito de rescindir o contrato de trabalho e receber todas as verbas rescisórias como se despedido sem justa causa, "[...] justificando a brusca ruptura contratual do liame empregatício".[280] A divergência encontra-se na elaboração do rol das obrigações que podem ensejar a culpa patronal, o que ainda não encontra consenso em doutrina e jurisprudência.

O não pagamento de salário, por exemplo, é causa de rescisão indireta por ser descumprimento contratual, consoante entendimento consolidado há anos, pois afeta diretamente o sustento do empregado. Resta saber se a falta de depósito dos valores do FGTS também constitui descumprimento das obrigações do contrato, cuja conduta autoriza a rescisão indireta.

Alguns autores entendem que o descumprimento das obrigações do empregador é apto a gerar a pretensão de despedida indireta. Todavia, não mencionam em suas obras expressamente a falta de depó-

---

[279] BRASIL. *Decreto-lei nº 5.452, de 1º de maio de 1943 [CLT]*. Aprova a Consolidação das Leis do Trabalho. Disponível em: <http://www.planalto.gov.br/ccivil_03/decreto-lei/del5452.htm>. Acesso em: 26 mar. 2013.

[280] SARAIVA, Renato. *Direito do trabalho: versão universitária*. 5. ed. São Paulo: Método, 2012, p. 339.

sitos do FGTS, o que deixa margem para entendimentos divergentes. Nas palavras de José Augusto Rodrigues Pinto:[281]

> O sentido genérico da norma não autoriza afirmar-se que o empregado tem autorização para levar a termo o contrato pela eventual inobservância de obrigações secundárias. É, portanto, de entender-se que são as obrigações mais importantes para o trabalhador que motivaram a cogitação de tal Lei, arrolando-se entre elas a obrigação fundamental de pagar o salário, de natureza alimentar. Outras de importância quase igual, como o local da prestação, o respeito à qualificação profissional do empregado, formam entre as condições executivas do contrato que, violadas, abrem caminho para sua ruptura com justa causa pelo trabalhador.

Já outros autores, como Orlando Gomes,[282] lecionam que as obrigações legais e as contratuais diferem apenas na conceituação e nas fontes das quais derivam, devendo todas elas serem cumpridas pelas partes. Assim, o descumprimento de uma obrigação, tanto contratual como legal, daria ensejo à ruptura contratual.

4.1. Mora dos depósitos de FGTS no contrato de trabalhos dos atletas de futebol

A edição da Lei 9.615/98[283] (a Lei Pelé) trouxe inovação no que condiz com a falta de depósitos do FGTS, visto que considerou o ato como mora contumaz e autorizou a rescisão indireta do contrato de trabalho por esse motivo. Assim dispõe seu art. 31 e § 2º:

> Art. 31. A entidade de prática desportiva empregadora que estiver com pagamento de salário de atleta profissional em atraso, no todo ou em parte, por período igual ou superior a 3 (três) meses, terá o contrato especial de trabalho desportivo daquele atleta rescindido, ficando o atleta livre para se transferir para qualquer outra entidade de prática desportiva de mesma modalidade, nacional ou internacional, e exigir a cláusula compensatória desportiva e os haveres devidos.
>
> [...]

---

[281] PINTO, José Augusto Rodrigues. *Curso de direito individual do trabalho*. 4. ed. São Paulo: LTr, 2000, p. 477.

[282] GOMES, Orlando. *Curso de direito do trabalho*. 18. ed. Rio de Janeiro: Forense, 2008, p. 200.

[283] BRASIL. *Lei nº 9.615, de 24 de março de 1998*. Institui normas gerais sobre desporto e dá outras providências. Disponível em: <http://www.planalto.gov.br/ccivil_03/leis /L9615consol. htm>. Acesso em: 26 mar. 2013.

§ 2º A mora contumaz será considerada também pelo não recolhimento do FGTS e das contribuições previdenciárias.

O disposto no artigo supracitado contribuiu para o posicionamento favorável à questão nos contratos de trabalho das demais classes de trabalhadores, pois considerou o não recolhimento dos valores de FGTS falta grave apta a provocar a ruptura da relação empregatícia. Embora não exista previsão semelhante nas leis que regem os contratos dos trabalhadores urbanos e rurais, boa parte da doutrina e da jurisprudência, que já vinha adotando posicionamento favorável, acabou por render-se a tal ponto de vista, como ver-se-á a seguir.

Interessante decisão da Subseção 1 especializada em Dissídios Individuais do TST (SDI-1) que, provocada sobre a questão da isonomia entre os trabalhadores comuns e os atletas de futebol, manifestou-se no sentido de que esse princípio não fora afrontado, visto que sobre os jogadores de futebol incidem normas específicas que visam à proteção dessa classe, que tem necessidades especiais. A seguir, transcreve-se trecho do julgado:[284]

> [...] Com efeito, *embora os precedentes desta Corte transcritos no acórdão regional e apontados no Recurso de Embargos revelem o entendimento pacífico nesta Corte de que a ausência de realização dos depósitos do FGTS não constitui falta grave a ensejar rescisão indireta do contrato de trabalho*, a hipótese versada nestes autos não é aquela contemplada no art. 483 da CLT. Trata-se aqui de atleta profissional, regido pela Lei 9.615/1998. Desse modo, a jurisprudência não guarda a indispensável especificidade, de modo a ensejar o cotejo de teses.

> [...] Não verifico ofensa literal ao art. 5º, inc. II, da Constituição da República, em relação ao qual o reclamado sustenta ter havido desrespeito ao princípio da isonomia, porquanto esse princípio, conforme registrado pela Turma de origem, incide sobre as relações jurídicas submetidas às mesmas normas jurídicas, não se podendo, *in casu*, equiparar o empregado comum, regido pela CLT, ao atleta de futebol, porque em relação a este há hipótese expressa e específica de rescisão indireta, consoante a previsão do art. 31, § 2º, da Lei 9.615/98 (Lei Pelé) [...].

---

[284] BRASIL. Tribunal Superior do Trabalho. *SDI-1. Embargos em recurso de revista nº 1.574/2001-0009-03-00.5*. Embargante: América Futebol Clube. Embargado: Ruy Bueno Neto. Relator: Min. João Batista Brito Pereira. Brasília, 8 de novembro de 2004. Disponível em: <http://aplicacao5.tst.jus.br/consultaunificada2/inteiroTeor.do?action=printInteiroTeor&highlight=true&numer oFormatado=E-RR%20-%20157400-13.2001.5.03.0009&base=acordao&numProcInt=87808&ano ProcInt=2002 &data Publicacao=26/11/2004%2000:00:00&query=>. Acesso em: 26 mar. 2013. (grifo nosso).

Ainda, note-se, no julgado acima, que o relator menciona o posicionamento dominante na época da decisão (08 de novembro de 2004), ou seja, que a falta de depósitos do FGTS pelo empregador nas relações de trabalho regidas pela CTL, que não as dos atletas de futebol, não caracterizava falta apta a ensejar a despedida indireta. Ver-se-á, adiante, que esse posicionamento se modificou.

4.2. Posição doutrinária favorável

Boa parte da doutrina brasileira defende o posicionamento no qual a falta de depósitos do FGTS pelo empregador, nos casos em que este está obrigado a fazê-lo, constitui falta grave, ou seja, trata-se de descumprimento de uma obrigação contratual, portanto apta a gerar a rescisão indireta. Para essa corrente doutrinária, as normas do Direito Trabalhista, ao conferirem proteção à parte hipossuficiente da relação laboral, o empregado, condenam qualquer falta do empregador que possa causar prejuízo ao trabalhador.

De acordo com as considerações feitas no capítulo 2 deste trabalho, o FGTS constitui patrimônio econômico do trabalhador, o qual tem o direito de usufruí-lo nas situações em que necessita, as quais foram disciplinadas pelo legislador.[285] Assim, se a conduta omissiva do empregador – não realizar o depósito do FGTS – acaba por infringir obrigação legal imposta a este e ainda lesar o patrimônio do trabalhador, por certo tem que ser considerada falta grave.

Ademais, as obrigações advindas do ordenamento jurídico têm que ser cumpridas pelo empregador, ainda que não transcritas no instrumento contratual. São normas de ordem pública e sua inobservância gera consequências às partes envolvidas. Como leciona Renato Saraiva,[286] o descumprimento das sentenças normativas, acordos e convenções coletivas também caracteriza o ato culposo que gera a falta grave patronal elencada no art. 483 da CLT.[287] Maurício Godinho

---

[285] Art. 20. BRASIL. *Lei n° 8.036, de 11 de maio de 1990.* Dispõe sobre o Fundo de Garantia do Tempo de Serviço, e dá outras providências. Disponível em: <http://www.planalto.gov.br/ccivil_03/leis/l8036consol.htm>. Acesso em: 26 mar. 2013.

[286] SARAIVA, Renato. *Direito do trabalho: versão universitária.* 5. ed. São Paulo: Método, 2012, p. 341.

[287] BRASIL. *Decreto-lei n° 5.452, de 1° de maio de 1943 [CLT].* Aprova a Consolidação das Leis do Trabalho. Disponível em: <http://www.planalto.gov.br/ccivil_03/decreto-lei/del5452.htm>. Acesso em: 27 mar. 2013

Delgado[288] enfatiza que: "O culposo e grave descumprimento do conteúdo do contrato, qualquer que seja a origem da estipulação, configura, sem dúvida, a falta prevista na alínea 'd' do art. 483 da Consolidação Trabalhista". Essa também é a motivação de Francisco Ferreira Jorge e Jouberto de Quadros.[289]

Complementando a doutrina dos autores acima, Francisco Antônio de Oliveira[290] acrescenta que o legislador, ao dispor, no art. 483, *d*, da CLT,[291] sobre as obrigações contratuais não menciona as normas legais porquanto "[...] seria mencionar o óbvio", visto que as normas contratuais apenas complementam as legais, e as duas fazem parte do sentido de *obrigações contratuais* de que fala o artigo mencionado. Segundo ele,[292] isso é reflexo da relativização do princípio *pacta sunt servanda* no Direito Trabalhista, em que a vontade das partes é balizada pelos princípios e normas ditados pelo Estado.

Comunga do entendimento ora abordado o ilustre autor Valentin Carrion,[293] o qual defende que o FGTS é a única garantia frente à instabilidade na qual se encontra o mercado de trabalho, pois não mais existe estabilidade prevista para o trabalhador, a não ser as de caráter temporário. Dessa forma, leciona:

> *Não cumprir o empregador* as obrigações do contrato (d), nelas incluídas as legais. Qualquer descumprimento grave, inclusive em matéria salarial, será fundamento válido. Após o FGTS a atitude para com o empregador descumpridor de suas obrigações tem de ser menos tolerante; é que, no novo regime, a instabilidade do empregado é maior do que antes: o receio de ter de pagar indenização era freio que não mais existe, substituído que foi pelos depósitos bancários.

---

[288] DELGADO, Mauricio Godinho. *Curso de direito do trabalho*. 11. ed. São Paulo: LTr, 2012, p. 1137

[289] JORGE NETO, Francisco Ferreira; CAVALCANTE, Jouberto de Quadros Pessoa. *Curso de direito do trabalho*. 2. ed. São Paulo: Atlas, 2011, p. 310.

[290] OLIVEIRA, Francisco Antonio de. *Curso de direito do trabalho*. São Paulo: LTr, 2011, p. 787.

[291] BRASIL. *Decreto-lei nº 5.452, de 1º de maio de 1943 [CLT]*. Aprova a Consolidação das Leis do Trabalho. Disponível em: <http://www.planalto.gov.br/ccivil_03/decreto-lei/del5452.htm>. Acesso em: 27 mar. 2013.

[292] OLIVEIRA, Francisco Antonio de. *Curso de direito do trabalho*. São Paulo: LTr, 2011, p. 787.

[293] CARRION, Valentin; CARRION, Eduardo Kroeff Machado. *Comentários à consolidação das leis do trabalho*: legislação complementar, jurisprudência. 37. ed. São Paulo: Saraiva, 2012, p. 387. (grifo do autor).

José Alberto Couto Maciel[294] defende ser o depósito do FGTS, juntamente com o recolhimento das contribuições previdenciárias, uma das obrigações mais importantes que provêm do contrato de trabalho. Lembrando-se da polêmica em torno do assunto, Alice Monteiro de Barros[295] também entende que o não depósito dos valores do FGTS é motivo para a rescisão indireta. A autora fundamenta seu posicionamento no descumprimento de obrigação contratual e vai mais além, trazendo as hipóteses de movimentação da conta (utilização dos valores) pelo empregado a qualquer momento da vigência do contrato de trabalho como, por exemplo, se comprar imóvel pelo Sistema Financeiro de Habitação[296] ou for acometido por neoplasia maligna.[297] Para que os direitos assegurados ao trabalhador nessas disposições legais possam ser usufruídos, o empregador tem que realizar os depósitos regularmente.

Enriquecendo o tema, Melchíades Rodrigues Martins[298] dispõe que a permissão de utilização dos valores constantes em sua conta evidencia a importância do instituto na vida do trabalhador. Os valores poderiam ser buscados através de ação competente, porém o procedimento é demorado e muitas vezes traumático ao empregado, que necessita do dinheiro. Corroborando com o explanado até o momento, também diz que a falta dos depósitos tem que ser constante de maneira que cause lesão ao operário, sob pena de não poder ser considerada falta grave.

Wagner Giglio[299] faz críticas às disposições da Lei que regula o FGTS,[300] pois ela facilitou a dispensa sem justa causa, deixando o trabalhador desamparado frente ao mercado de trabalho. Aduz que a

---

[294] MACIEL, José Alberto Couto. Rescisão indireta do contrato de trabalho – atrasos nos pagamentos do FGTS e INSS. *Justiça do Trabalho*, Porto Alegre, n. 264, p. 8, dez. 2005.

[295] BARROS, Alice Monteiro de. *Curso de direito do trabalho*. 8. ed. São Paulo: LTr, 2012, p. 724.

[296] Art. 20, VII. BRASIL. *Lei n° 8.036, de 11 de maio de 1990*. Dispõe sobre o Fundo de Garantia do Tempo de Serviço, e dá outras providências. Disponível em: <http://www.planalto.gov.br/ccivil_03/ leis/l8036consol.htm>. Acesso em: 26 mar. 2013.

[297] Idem.

[298] MARTINS, Melchíades Rodrigues. *Justa causa*: do empregado, do empregador, culpa recíproca. São Paulo: LTr, 2010, p. 514.

[299] GIGLIO, Wagner. *Justa causa*. 7. ed. São Paulo: Saraiva, 2000, p. 408.

[300] BRASIL. *Lei n° 8.036, de 11 de maio de 1990*. Dispõe sobre o Fundo de Garantia do Tempo de Serviço, e dá outras providências. Disponível em: <http://www.planalto.gov.br/ccivil_03/ leis/l8036consol.htm>. Acesso em: 26 mar. 2013.

Lei[301] desonerou o empregador de boa parte dos gastos para a despedida do empregado e, por isso, tem que cumprir com uma das poucas que lhe restaram, o depósito mensal do FGTS. Em brilhante redação, elucida:

> Ora, frequentemente o empregador se beneficia de todas as vantagens que lhe outorga o regime do FGTS e não arca com o único ônus que lhe é imposto: o de efetuar os depósitos. A nosso ver, essa infração, além de gravíssima, é de uma imoralidade flagrante. Repetindo-se mês a mês, é atual e autoriza a denúncia do contrato pelo empregado, diante da frustração dos seus direitos.

Esse também é o posicionamento de Sandra Sinatora,[302] Alice Monteiro de Barros,[303] Eduardo Gabriel Saad[304] e Luciano Rossignolli Salem.[305]

---

[301] BRASIL. *Lei nº 8.036, de 11 de maio de 1990*. Dispõe sobre o Fundo de Garantia do Tempo de Serviço, e dá outras providências. Disponível em: <http://www.planalto.gov.br/ccivil_03/leis/l8036consol.htm>. Acesso em: 26 mar. 2013.

[302] "Na prática, as situações que são mais comuns e ensejam o direito de pleitear a rescisão indireta estão destacadas na alínea d, que dizem respeito ao cumprimento, por parte do empregador, de suas obrigações contratuais, como pagamento dos salários no prazo, *depósitos de FGTS*, pagamento de férias, dentre outros títulos". SINATORA, Sandra. Rescisão indireta: falta grave do empregador. Jornal Trabalhista *Consulex*, Brasília, v. 29, n. 1417, p. 10, 12 mar. 2012. (grifo nosso).

[303] "Embora a matéria desperte polêmica,entendemos que a falta de recolhimento dos depósitos do FGTS constitui motivo suficiente para o rompimento do vínculo empregatício, com base em descumprimento de obrigação contratual. Apesar de o crédito, em princípio, ser disponibilizado para o empregado somente após o rompimento do contrato, há várias situações em que o empregado poderá movimentar a respectiva conta, independentemente dessa ruptura. É o que ocorre, por exemplo, quando o empregado pretende adquirir imóvel pelo sistema financeiro habitacional ou amortizar essa dívida, quando ele ou seus familiares forem acometidos de neoplasia maligna, AIDS, ou encontrarem-se em fase terminal, na hipótese de calamidade pública no município em que reside o empregado, e aplicação em cotas de Fundos Mútuos de Privatização". BARROS, Alice Monteiro de. *Curso de direito do trabalho*. 8. ed. São Paulo: LTr, 2012, p. 724-725.

[304] "Acarreta essa infração à lei a extinção do contrato de trabalho por iniciativa do empregado. Trata-se do descumprimento de uma das obrigações derivadas do contrato de trabalho, qual seja a de o empregador efetuar mensalmente o depósito, na conta vinculada do empregado, de 8% da remuneração por ele recebida. Aplica-se ao caso a regra contida no art. 483, letra d da CLT. É bem de ver que tal forma de inadimplência não acarreta, automaticamente, a extinção do contrato de trabalho. Terá o empregado de provocar, nesse sentido, declaração de Justiça do Trabalho". SAAD, Eduardo Gabriel. *Comentários à lei do fundo de garantia do tempo de serviço*. 3. ed. São Paulo: LTr, 1995, p. 330.

[305] "O que está fazendo o empregador que deixa de pagar 13º salário, férias, piso salarial da categoria, recolher FGTS? O que está ele fazendo, senão deixando de cumprir norma contratual? Aliás, normas que nem precisam provar sua existência, basta provar o não cumprimento para a caracterização do ato faltoso. Tanto comete falta o patrão que muda a função específica pactuada com o empregado, como o que deixa de recolher o FGTS ou pagar férias, infringindo norma legal". SALEM, Luciano Rossignolli; SALEM, Diná Rossignolli. *Justa causa e despedida indireta*. São Paulo: Jurídica Brasileira, 1995, p. 407.

4.3. Posição doutrinária contrária

A corrente doutrinária contrária à rescisão indireta do contrato de trabalho pelo não depósito do FGTS utiliza-se de argumentos diferentes, contrapondo-se ao entendimento da corrente favorável. O autor mais conhecido, e um dos poucos que adotam esse posicionamento, é o ilustre escritor Sérgio Pinto Martins.[306]

Esse autor defende a interpretação restritiva dos artigos constantes na CLT. Inclusive, faz menção ao disposto no art. 468 da CLT,[307] o qual, ao trazer a palavra *contrato* (referindo-se às alterações contratuais) quer fazer referência apenas ao contrato, ou seja, ao acordo de vontades entre as partes, e não às demais normas estabelecidas pelo Direito do Trabalho como um todo. Assim dispõe:[308]

A não concessão de férias, o não pagamento do 13º salário representam obrigações legais e não contratuais. As obrigações legais do empregador para com o empregado são decorrentes da existência do contrato de trabalho, mas não são exatamente cláusulas do contrato de trabalho.

Menciona a alínea *d* do artigo 483 da CLT o descumprimento das obrigações contratuais, que estão, portanto, previstas no contrato, isto é, decorrem do ajuste de vontade entre as partes e não da lei ou norma coletiva.

Aduz ainda que o descumprimento das obrigações decorrentes de lei só poderá ser causa de rescisão indireta se a regra estiver contida em cláusula do contrato de trabalho.[309] Do contrário, o descumprimento pelo empregador de obrigações que não constam no instrumento contratual, não gera nenhum direito ao empregado e nenhuma sanção ao empregador.

Vólia Bonfim Cassar[310] comunga da tese acima explanada. Em seus motivos, alega que a falta cometida pelo empregador tem que ser muito grave a ponto de tornar a relação empregatícia insuportá-

---

[306] MARTINS, Sérgio Pinto. *Manual da justa causa*. 4. ed. São Paulo: Atlas, 2010, p. 218.

[307] "Art. 468 – Nos contratos individuais de trabalho só é lícita a alteração das respectivas condições por mútuo consentimento, e ainda assim desde que não resultem, direta ou indiretamente, prejuízos ao empregado, sob pena de nulidade da cláusula infringente desta garantia". BRASIL. *Decreto-lei nº 5.452, de 1º de maio de 1943 [CLT]*. Aprova a Consolidação das Leis do Trabalho. Disponível em: <http://www.planalto.gov.br/ccivil_03/decreto-lei/del5452.htm>. Acesso em: 27 mar. 2013.

[308] MARTINS, Sérgio Pinto. *Manual da justa causa*. 4. ed. São Paulo: Atlas, 2010, p. 218.

[309] Ibidem.

[310] CASSAR, Vólia Bonfim. *Direito do trabalho*. 5. ed. Niterói: Impetus, 2011, p. 1167.

vel. Na sua visão, não é o que acontece na falta de depósitos do FGTS, pois o empregado só pode utilizar os valores depositados quando o contrato de trabalho chega ao seu fim. Nas suas palavras:[311]

> O não pagamento do FGTS durante o contrato de trabalho, por exemplo, é uma falta praticada pelo empregador. Entretanto, como o empregado, via de regra, só movimenta a conta do FGTS quando da extinção do contrato de trabalho, a falta não tem a necessária gravidade nem torna insuportável a continuidade da relação de emprego.

Por fim, a autora[312] elucida que mesmo que a falta não seja grave – como a falta de depósitos do FGTS – a sua reiteração ou cometimento juntamente com outras faltas leves pode tornar a relação de emprego de difícil continuidade. Nessa hipótese, as faltas, conjuntamente, configurariam causa apta a ensejar a rescisão indireta.

4.4. Posição jurisprudencial contrária

Devido ao novo entendimento do TST sobre a matéria em exame, a maioria das decisões dos Tribunais tem sido favorável ao reconhecimento da rescisão indireta do contrato de trabalho pela falta de depósitos do FGTS. Pretende-se nesse tópico trazer alguns julgados que não reconheceram a falta patronal pela falta de depósitos, abordando os motivos que amparam tais decisões.

Interessante decisão vem do próprio TST,[313] em 23 de outubro de 2002, ou seja, mais de 10 anos atrás, época na qual não era admitida, pelo TST, a despedida indireta pelo não depósito do FGTS, salvo nos contratos envolvendo atletas de futebol. O acórdão a seguir traz a fundamentação de que embora seja descumprimento contratual a falta de depósitos do FGTS, tal ato não constitui falta grave apta a rescindir o contrato por culpa patronal:

> [...] O fato de o empregador não efetuar o recolhimento dos depósitos do FGTS, não obstante configure descumprimento de obrigação contratual, não

---

[311] CASSAR, Vólia Bonfim. *Direito do trabalho*. 5. ed. Niterói: Impetus, 2011, p. 1169.

[312] Idem, p. 1167.

[313] BRASIL. Tribunal Superior do Trabalho. *Recurso de revista nº 574.565/1999.9*. Recorrente Jordan Baesso Lamas. Recorrida Drogaria e Perfumaria Local Ltda. e outros. Relatora: Maria do Perpétuo Socorro Wanderley de Castro, Brasília, 23 de outubro de 2002. Disponível em: <http://www.jusbrasil.com.br/jurisprudencia/1816821/recurso-de-revista-rr-574565251999503555-574565-2519995035555-tst>. Acesso em: 28. mar. 2013.

O término do contrato de trabalho por justa causa do empregador

constitui razão suficiente a ensejar a rescisão indireta do contrato laboral, inexistindo a justa causa de que trata a alínea "d" do art. 483 da CLT, porquanto a preservação do contrato, quando a falta do empregador pode ser corrigida por medida judicial.

Assim, nego provimento ao recurso [...].

Por sua vez, a 11ª Turma do Tribunal Regional do Trabalho (TRT) da 2ª Região[314] não acolheu a tese do reclamante – acórdão publicado em 09 de março de 2012 – que pleiteava a rescisão indireta pela falta de depósitos do FGTS. Em suas razões, a relatora, Juíza Wilma Gomes da Silva Hernandes, expôs que para a caracterização da ruptura por justa causa do empregador, o empregado teria que comprovar a necessidade de utilização dos valores do Fundo, o que não aconteceu. Segue parte de seu voto:

> [...] Não há alegação no sentido de que autor tenha necessitado dos valores de FGTS para aquisição de casa própria ou por motivo de doença. Não obstante a irregularidade nos depósitos, a falta não é revestida de gravidade suficiente para autorizar a extinção do contrato; ademais, não teria existido imediatidade. Ante o acima exposto e o conjunto dos autos, improcede o pedido de declaração de rescisão indireta do contrato [...].

Ainda do TRT da 2ª Região, há outra decisão,[315] agora da 3ª Turma, que não reconheceu a falta grave do empregador apta a causar a ruptura do contrato de trabalho. O relator Sérgio Pinto Martins – um dos autores mais influentes da corrente que não aceita a caracterização da rescisão indireta sob o fundamento da falta de depósitos do FGTS – enfatizou que o não recolhimento dos valores ao Fundo não constitui descumprimento de obrigação contratual, e sim legal, não se amoldando à conduta descrita na alínea *d* do art. 483 da CLT.[316] O referido acórdão está assim ementado:

---

[314] BRASIL. Tribunal Regional do Trabalho (2. Região). *Recurso ordinário n° 0235100-66.2009.5.02.0024*. Recorrente: Antonio Dos Santos Ferreira. Recorrido: Kuba Viação Urbana LTDA. Relator: Juíza Wilma Gomes da Silva Hernandes. São Paulo, 9 de março de 2012. Disponível em: <http://www.trtsp.jus.br/>. Acesso em: 28. mar. 2013.

[315] BRASIL. Tribunal Regional do Trabalho (2. Região). *Recurso ordinário n° 29253200290202000*. Recorrente: Sociedade de Ensino S/C LTDA. Recorridos: Fabiana Elaine e Ivo Fernandes. Relator: Sérgio Pinto Martins. São Paulo, 15 de outubro de 2001. Disponível em: <http://www.jusbrasil.com.br/jurisprudencia/7534865/recurso-ordinario-record-29253200290202000-sp-29253-2002-902-02-00-0-trt-2/inteiro-teor>. Acesso em: 28. mar. 2013.

[316] BRASIL. *Decreto-lei n° 5.452, de 1° de maio de 1943 [CLT]*. Aprova a Consolidação das Leis do Trabalho. Disponível em: <http://www.planalto.gov.br/ccivil_03/decreto-lei/del5452.htm>. Acesso em: 28 mar. 2013.

Rescisão indireta. Falta de recolhimento do FGTS. O fato de o empregador não vir depositando o FGTS durante o pacto laboral não constitui violação à alínea *d* do artigo 483 da CLT, visto que o empregado não pode levantar o FGTS na constância da relação de emprego, nem existe prejuízo ao obreiro durante a vigência do pacto laboral. Pode-se argumentar, ainda, que a obrigação de depósito do FGTS é legal e não contratual, até porque o empregado não é mais optante do FGTS. A única hipótese que poderia acarretar prejuízo ao empregado seria a de este necessitar do FGTS para amortização ou pagamento da casa própria, e aqui se poderia configurar uma falta do empregador, que não é o caso dos autos.

Veja-se que no TRT da 4ª Região, Rio Grande do Sul, mesmo após a tentativa de unificação de entendimento feita a partir de uma decisão do TRT, em agosto de 2012 (o que se verá em tópico oportuno), decidiu-se,[317] em Recurso Ordinário (RO), que a falta de depósitos do FGTS não constitui falta grave e por isso não poderia ser reconhecida a rescisão indireta. Em seu voto, o relator Desembargador Clóvis Fernando Schuch Santos assim fundamentou:

> [...] No que tange ao inadimplemento nos depósitos do FGTS, entende-se que este, por si só, também não é motivo suficiente a embasar o pedido de rescisão indireta. Por oportuno, transcreve-se excerto de processos julgados por esta 5ª Turma, nos quais não houve o reconhecimento da rescisão indireta do contrato de trabalho diante de inadimplemento do pagamento de FGTS e outras parcelas [...].

Outra Turma do TRT da 4ª Região, dessa vez a 9ª, também vinha decidindo pela não caracterização da culpa do empregador pela falta de depósitos do FGTS. No aresto abaixo transcrito, a justificativa do voto do Relator, Juiz Convocado André Reverbel Fernandes, foi a de que a obrigação de depositar o FGTS é apenas acessória, portanto não contratual, não se amoldando à regra do art. 483, *d*, da CLT.[318] Segue trecho do acórdão:[319]

---

[317] BRASIL. Tribunal Regional do Trabalho (4. Região). *Recurso ordinário n° 0000203-19.2012.5.04.0611*. Recorrente: Adriana Riguer Della Mea. Recorrido: Fundação Universidade de Cruz Alta – UNI-CRUZ. Relator: Des. Clóvis Fernando Schuch Santos. Porto Alegre, 11 de outubro de 2012. Disponível em: <http://gsa3.trt4.jus.br/search?q=cache:Hodr5BJU8J4J:iframe.trt4.jus.br/nj4_jurisp/jurispnovo.ExibirDocumentoJurisprudencia%3FpCodAndamento%3D43723613+inmeta:DATA_DOCUMENTO:2012-03-28..2013-03- 28+n%C3%A3o+reconhece+falta+grave+fgts++&client=jurisp&site=jurisp&output=xml_ no_dtd&proxystylesheet=jurisp&ie=UTF-8&lr=lang_pt&access=p&oe=UTF-8>. Acesso em: 28. mar. 2013.

[318] BRASIL. *Decreto-lei n° 5.452, de 1° de maio de 1943 [CLT]*. Aprova a Consolidação das Leis do Trabalho. Disponível em: <http://www.planalto.gov.br/ccivil_03/decreto-lei/del5452.htm>. Acesso em: 28 mar. 2013.

[...] Embora a reclamada admita atrasos ou ausência de recolhimento do FGTS na contestação (fl. 31-verso), entende-se que foi descumprida apenas obrigação acessória, não se constituindo falta grave patronal capaz de justificar a rescisão indireta nos termos do previsto na alínea *d* do art. 483 da CLT [...].

Não obstante o entendimento majoritário de que o não depósito do FGTS enseja a rescisão indireta, alguns julgadores ainda decidem contrariamente, por não admitirem que o ato omissivo seja descumprimento contratual. Alguns também entendem que o ato, mesmo que possa tratar-se de obrigação contratual, não se trata de falta grave, faltando, então, o requisito de gravidade para a configuração da culpa patronal.

4.5. Posição jurisprudencial favorável

Boa parte dos julgados recentes, pode-se dizer a maioria, reconhece como uma das causas de rescisão indireta do contrato de trabalho a falta de depósitos do FGTS (como descumprimento de obrigação contratual – alínea *d* do art. 483 da CLT),[320] o que é reflexo do posicionamento doutrinário e também do entendimento de que os valores dos depósitos, além de obrigação do empregador, constituem patrimônio econômico do trabalhador que dele pode dispor nas hipóteses da Lei.[321] Esse entendimento vem se consolidando há alguns anos, não obstante existirem decisões em sentido contrário, como visto no subitem anterior.

Algumas turmas do TRT da 4ª Região já decidem pela rescisão indireta do contrato, resultante da falta de depósitos do FGTS, há mais

---

[319] BRASIL. Tribunal Regional do Trabalho (4. Região). *Recurso ordinário n° 0000143-06.2012.5.04.0204*. Recorrente: Alexandro Vaesken Alves. Recorrido: Comunidade Evangélica Luterana São Paulo – CELSP. Relator: André Reverbel Fernandes. Porto Alegre, 12 de setembro de 2012. Disponível em: <http://gsa3.trt4.jus.br/search?q=cache:maLtbVrbeAwJ:iframe.trt4.jus.br/nj4_jurisp/jurispnovo.ExibirDocumentoJurisprudencia%3FpCodAndamento%3D42703457+inmeta:DATA_DOCUMENTO:2012-03-28..2013-03-28+n%C3%A3o+falta+grave+fgts++&client=jurisp&site=jurisp&output=xml_no_dtd& proxystylesheet=jurisp&ie=UTF-8&lr=lang_pt&access=p&oe=UTF-8. Acesso em: 28 mar. 2013.

[320] BRASIL. *Decreto-lei n° 5.452, de 1° de maio de 1943 [CLT]*. Aprova a Consolidação das Leis do Trabalho. Disponível em: <http://www.planalto.gov.br/ccivil_03/decreto-lei/del5452.htm>. Acesso em: 26 mar. 2013.

[321] Art. 20. BRASIL. *Lei n° 8.036, de 11 de maio de 1990*. Dispõe sobre o Fundo de Garantia do Tempo de Serviço, e dá outras providências. Disponível em: <http://www.planalto.gov.br/ccivil_03/ leis/l8036consol.htm>. Acesso em: 26 mar. 2013.

de 15 anos. Em acórdão prolatado em 15 de março de 1995[322] pela 1ª Turma, a relatora, Juíza Teresinha M. D. S. Correia, entendeu que a obrigação de depositar o FGTS, apesar de decorrer da lei, integra o conjunto de obrigações contratuais, e seu descumprimento enseja a rescisão indireta:

> [...] A Constituição Federal de 1988 instituiu o regime do FGTS para toda a classe trabalhadora. Assim, desde o advento da atual Constituição Federal – 05/10/88 – todos os empregados fazem jus aos depósitos do FGTS, por força do disposto no art. 7º, item III, da Carta.
>
> *In casu*, a própria reclamada, na defesa (item V, fl. 15) admite estar impossibilitada de comprovar os recolhimentos referentes ao FGTS das reclamantes, pois não efetuou os depósitos correspondentes, em face de um 'acerto verbal e amigável' com as demandantes, no sentido de as mesmas continuarem gozando da estabilidade em detrimento do recolhimento do FGTS.
>
> No entanto, tal "acerto" é inadmissível, eis que ao não proceder os depósitos referentes ao FGTS das autoras incorreu a reclamada em infração da norma constitucional citada, acarretando prejuízos às empregadas.
>
> O art. 483, alínea *d*, da CLT, prevê que o descumprimento, pelo empregador, das obrigações contratuais é causa que enseja a rescisão indireta do contrato de trabalho. *Ressalte-se que entre as obrigações contratuais, estão incluídas as legais.* Em sendo assim, a atitude do empregador que descumpre com as obrigações concernentes ao FGTS de seus empregados pratica falta grave que torna impossível o prosseguimento da relação de emprego, a ensejar a rescisão indireta do contrato de trabalho.
>
> Impõe-se, assim, a reforma da sentença de 1º Grau, para decretar a rescisão indireta dos contratos de trabalho das autoras, condenando a reclamada ao pagamento das parcelas decorrentes, relativas ao aviso prévio proporcional, conforme dissídio, férias vencidas e proporcionais acrescidas do terço constitucional, 13º salário, indenização de antiguidade pelo período laborado até 05/10/88 e a partir daí ao FGTS com a multa de 40% [...].

---

[322] BRASIL. Tribunal Regional do Trabalho (4. Região). *Recurso ordinário n° 5031800-28.1994.5.04.0941.* Recorrentes: Ivanilda Fanny Muller Bednarski, Maria Cândida Dos Santos Mendes e Rádio São Lourenço LTDA. Recorridos: Ivanilda Fanny Muller Bednarski, Maria Cândida dos Santos Mendes e Rádio São Lourenço LTDA. Relator: Teresinha Maria Delfina Signori Correia. Porto Alegre, 15 de março 1995. Disponível em: <http://gsa3.trt4.jus.br/ search?q=cache:BhU43VdBDMIJ: iframe.trt4.jus.br/nj4_jurisp/jurispnovo.ExibirDocumentoJurisprudencia%3FpCodAndament o%3D5075362+inmeta:DATA_DOCUMENTO:1995-01-01..1995-12-30+rescis%C3%A3o+indire ta+fgts++&client= jurisp&site=jurisp&output=xml_no_dtd&proxystylesheet=jurisp&ie=UTF-8&lr=lang_pt&access=p&oe= UTF-8. Acesso em 30. mar. 2013. (grifo nosso).

O término do contrato de trabalho por justa causa do empregador

Uma decisão[323] recente, de 20 de março de 2013, da 1ª Turma também do TRT da 4ª Região mostra-se interessante pela divergência ainda existente entre os julgadores. Ao Recurso Ordinário foi dado parcial provimento, por maioria, para declarar a rescisão indireta do contrato de trabalho, o que fora pleiteado pela reclamante, a qual alegara a falta de recolhimento do FGTS por seu empregador.

A relatora, Desembargadora Laís Helena Jaeger Nicotti, proferiu seu voto no sentido de não se poder caracterizar a culpa patronal pelo não depósito do FGTS, embora a conduta omissiva tenha perdurado durante todo o contrato de trabalho. Assim, dispõe (grifo do autor):

[...] Dito isto, me parece claro que embora a alegação de descumprimento das obrigações previdenciárias diga respeito ao período a partir de 03/11/2011, a afirmativa quanto ao incorreto recolhimento do FGTS diz respeito a todo o contrato de trabalho, e nestes parâmetros passo ao exame da pretensão [...].

De outro lado, em não tendo a demandada produzido prova do correto recolhimento do FGTS em todo o contrato de trabalho, como a recorrente logrou demonstrar, é de presumir portanto a inadimplência da empregadora neste aspecto.

Todavia, para que seja reconhecida a despedida indireta a falta praticada pelo empregador deve ser grave de modo a tornar insustentável a continuação da relação de emprego, circunstância que tenho como não configurada no caso.

A respeito, Maurício Godinho Delgado ("Curso de Direito do Trabalho, São Paulo, LTr, 2002") ensina que "O requisito da gravidade da conduta empresarial também é relevante ao sucesso da rescisão indireta. Conforme já foi exposto, em se tratando de conduta tipificada, porém inquestionavelmente leve, não é possível falar-se na imediata resolução do contrato de trabalho. A par disso, se o prejuízo não é do tipo iminente, podendo ser sanado por outros meios, a jurisprudência não tem acolhido, muitas vezes, a justa causa empresarial. É o que se tem visto, por exemplo, com respeito à omissão relativa apenas a depósitos de FGTS – os quais não podem ser sacados de imediato pelo obreiro, regra geral".

Assim, tendo em vista a infringência cometida pela empregadora à obrigação contratual ora reconhecida – recolhimento do FGTS –, entendo não autorizar

---

[323] BRASIL. Tribunal Regional do Trabalho (4. Região). *Recurso ordinário n° 0000002-51.2012.5.04.0021*. Recorrente: Belkis Freitas De Oliveira. Recorrido: Associação Conhecer de Educação e Ensino LTDA Ivanilda Fanny Muller Bednarski, Maria Cândida dos Santos Mendes e Rádio São Lourenço LTDA. Relator: Iris Lima de Moraes. Porto Alegre, 20 de março de 2013. Disponível em: <http://gsa3.trt4.jus.br/search?q=cache:KFvozA5Qr2kJ:iframe.trt4.jus.br/nj4_jurisp/jurispnovo.Exibir DocumentoJurisprudencia%3FpCodAndamento%3D45191941+inmeta:DATA_DOCUMENTO:2012-03-28..2013-03-28+rescis%C3%A3o+indireta+fgts++&client=jurisp&site=jurisp&output=xml_no_ dtd& proxystylesheet=jurisp&ie=UTF-8&lr=lang_pt&access= p&oe=UTF-8>. Acesso em 28. mar. 2013.

a declaração da rescisão indireta do contrato do trabalho, uma vez que não caracteriza violação contratual de gravidade tal a impedir a continuidade da relação de emprego, resolvendo-se, esta questão, no âmbito da reparação material do direito violado.

Provimento negado [...].

Já a outra julgadora, Desembargadora Iris Lima de Moraes, proferiu voto contrário ao da relatora, pois acredita que incorre em falta grave o empregador que não realiza os depósitos do Fundo. Assim, votou:

> [...] Quanto ao FGTS, conforme disposto nas Leis n°s 8.212/91 e 8.213/91 é obrigação do empregador o recolhimento do FGTS do trabalhador, mensalmente, no percentual de 8% sobre o salário, cuja finalidade, além de ampará-lo nos casos de despedida sem justa causa, constitui um patrimônio do empregado que pode ser sacado em momentos especiais, como para aquisição da casa própria ou em situações de dificuldades, mormente em caso de doenças graves.
>
> Assim, o réu ao não efetuar estes recolhimentos descumpriu obrigação patronal de forma grave o suficiente a ensejar a rescisão indireta do contrato de trabalho, nos termos artigo 483, *d*, da CLT.
>
> Dou provimento ao recurso da reclamante para declarar a rescisão indireta do contrato de trabalho [...]

Ainda, o terceiro julgador a tratar do caso, Juiz Convocado José Cesário Figueiredo Teixeira, também discordou do voto da relatora, adotando o posicionamento de que a obrigação de depósito do FGTS é contratual. Em suas palavras:

> [...] Examinando os documentos juntados pela reclamada (recolhimentos ao FGTS e Previdência Social), das fls. 147-337, verifico que, de fato, há comprovação de recolhimentos previdenciários tão somente a partir de janeiro/2009 (fl. 286), além da falta quanto aos depósitos do FGTS, no mesmo período (anterior a janeiro/2009), já mencionada no voto da Relatora.
>
> Nesta hipótese, entendo que a inexistência de comprovação do cumprimento integral da obrigação contratual em referência enseja, de fato, o reconhecimento da rescisão indireta do contrato de trabalho, pleito da reclamante, com fulcro no artigo 483, *d*, da CLT, especialmente considerando-se a informação de que o benefício previdenciário foi pago a menor em comparação com o devido.
>
> Acolho o recurso para reconhecer a rescisão indireta do contrato de trabalho [...]

Por conseguinte, a relatora restou vencida em seu voto, visto que a tese sobressalente é a de que o FGTS é patrimônio do trabalhador que a ele tem direito mesmo que não faça uso durante o contrato de trabalho. Está infringindo obrigação contratual o empregador que não realiza os depósitos, incidindo, portanto, na conduta prevista pela alínea *d* do art. 483 da CLT.[324] O referido acórdão ficou assim ementado:

RESCISÃO INDIRETA DO CONTRATO DE TRABALHO. O réu ao não efetuar os recolhimentos previdenciários e ao FGTS, descumpriu obrigação patronal de forma grave o suficiente a ensejar a rescisão indireta do contrato de trabalho, nos termos artigo 483, *d*, da CLT. Recurso provido para declarar a rescisão indireta do contrato de trabalho.

Outra decisão[325] favorável à ruptura do pacto laboral foi a prolatada pela 5ª Turma do TRT da 1ª Região, Rio de Janeiro, em 04 de março de 2013, na qual o relator, Desembargador Federal do Trabalho Bruno Losada Albuquerque Lopes, fundamenta seu entendimento na Constituição Federal.[326] Segundo ele, a exigência constitucional da realização dos depósitos pelo empregador faz-se presente durante todo o período contratual e não só quando o empregado necessitar movimentar a conta. Este foi o teor de seu voto:

[...] Todavia, com relação a não integralidade dos depósitos do FGTS, divirjo do entendimento adotado pelo Juízo *a quo*, no sentido de que a ausência de alguns depósitos na conta vinculada do reclamante não é motivo suficiente para ensejar a resolução contratual por culpa do empregador, considerando a regra da indisponibilidade de saque do FGTS ao trabalhador com contrato de trabalho em curso, como era o caso do autor. Entendo que o não recolhimento correto do FGTS é sim falta grave ensejadora da rescisão indireta do contrato.

O FGTS é um direito constitucionalmente garantido ao trabalhador, nos termos do art. 7º, III, da CRFB.

O art. 15 da Lei 8.036/90, que regula o Fundo de Garantia por Tempo de Serviço dispõe que "para os fins previstos nesta lei, todos os empregadores ficam obrigados a depositar, até o dia 7 (sete) de cada mês, em conta bancária vinculada, a importância correspondente a 8 (oito) por cento da remuneração

---

[324] BRASIL. *Decreto-lei nº 5.452, de 1º de maio de 1943 [CLT]*. Aprova a Consolidação das Leis do Trabalho. Disponível em: <http://www.planalto.gov.br/ccivil_03/decreto-lei/del5452.htm>. Acesso em: 30 mar. 2013.

[325] BRASIL. Tribunal Regional do Trabalho (1. Região). *Recurso ordinário nº 0000171-45.2012.5.01.0078*. Recorrente: Francisco Rodrigues de Souza. Recorrida: Ação Cristã Vicente Moretti. Relator: Des. Federal do Trabalho Bruno Losada Albuquerque Lopes. Rio de Janeiro, 4 de março 2013. Disponível em: <http://www.trt1.jus.br/web/guest/consulta-jurisprudencia>. Acesso em 30. mar. 2013.

[326] BRASIL. Constituição (1988). *Constituição da República Federativa do Brasil de 1988*. Disponível em: <http://www.planalto.gov.br/ccivil_03/constituicao/constitui%C3%A7ao.htm>. Acesso em: 30 mar. 2013.

paga ou devida, no mês anterior, a cada trabalhador, incluídas na remuneração as parcelas de que tratam os arts. 457 e 458 da CLT e a gratificação de natal a que se refere a Lei nº 4.090, de 13 de julho de 1962, com as modificações da Lei nº 4.749, de 12 de agosto de 1965".

A lei apenas prevê a obrigação do empregador de depositar mensalmente o FGTS na conta vinculada do empregado, mas não prevê que tal obrigação somente seja imposta ao empregador quando os depósitos se tornarem exigíveis pelo autor. E sendo esta uma obrigação legal inerente aos contratos de trabalho, deve ser obrigatoriamente cumprida pelo empregador, sob pena de aplicação do preceito contido no art. 483, *d*, da CLT, possibilitando ao empregado considerar rescindido o contrato, por culpa do empregador, e pleitear a devida indenização.

Neste sentido, declaro a rescisão indireta, por não cumprir o empregador as obrigações do contrato, nos termos do art. 483, 'd', da CLT, nos limites do pedido contido na alínea *a*, do rol de fl. 08 [...].

Além dos entendimentos acima elucidados, outra fundamentação que dá suporte à rescisão indireta do contrato de trabalho pelo não depósito do FGTS é a de que os valores que constituem o Fundo são de utilidade social, o que importa dizer que a sociedade como um todo é beneficiada pelos depósitos, através dos investimentos em políticas públicas. Assim, deixar de realizar os depósitos causa lesão não só ao empregado mas sim a toda a coletividade que deles são beneficiários indiretos. Tal decisão[327] foi proferida pela 8ª Turma do TRT da 2ª Região, em 20 de março de 2013, cujo relator foi o Magistrado Rovirso A. Boldo. Seu voto tem o seguinte teor:

[...] Seguindo a mesma linha de raciocínio, infere-se que o Fundo de Garantia do Tempo de Serviço, regulado pela Lei nº 8.036/90 e constituído pelos saldos das contas vinculadas e demais recursos a ele incorporados, tais como dotações orçamentárias direcionadas e multas, correção monetária e juros moratórios devidos, entre outros (artigo 2º, § 1º), também é instituto de interesse social, cuja governança pertence a toda sociedade, que a exerce por meio do Conselho Curador, composto por representantes de empregados e empregadores, além de integrantes de entidades estatais (artigo 3º).

Em que pese a relevância dada à garantia contra eventual ruptura injusta da relação de emprego pelo saldo da conta vinculada, o aporte fundiário visa resguardar a cobertura das obrigações definidas pelo Conselho Curador, que a

---

[327] BRASIL. Tribunal Regional do Trabalho (2. Região). *Recurso ordinário n° 0001339-63.2011.5.02.0022*. Recorrente: DT Sistemas Tecnologia em Informática Ltda. Recorrido: Renata Maria da Silva. Relator: Rovirso A. Boldo. São Paulo, 20 de março de 2013. Disponível em: <http://www.trtsp.jus.br/>. Acesso em: 30. mar. 2013. (grifo do autor).

cada momento do contexto social brasileiro, o direciona para fins específicos, a fim de atender a diversas demandas de coesão pública.

Nesse sentido, merecem destaque as hipóteses de soerguimento do saldo pelo empregado para financiamento de casa própria (artigo 20, V e VI, da Lei nº 8.036/90), autorização para investimento em Fundos Mútuos de Privatização – FMP (inciso XII) e o saque para atendimento de necessidades pessoais do trabalhador, em razão de desastre natural (inciso XVI).

O FGTS exige, outrossim, a escorreita quitação das parcelas de responsabilidade dos empregadores, para o devido atendimento dos fins a que se destina.

Tamanha a relevância da regularidade junto ao FGTS e à Seguridade Social, que foi elevada a requisito para habilitação em certames licitatórios (artigo 29, IV, da Lei nº 8.666/93).

Especificamente quanto à irregularidade nos depósitos fundiários, a Lei nº 9.615/98, que trata dos contratos de trabalho dos atletas profissionais, expressamente a arrola como causa para a rescisão indireta (artigo 31, § 2º).

E sobre o aspecto restrito das partes envolvidas na relação de emprego, embora tenha julgado em um passado recente de maneira diversa, passo a reconhecer que o não cumprimento dos encargos destinados ao FGTS constitui falta grave do empregador, que não confere ao titular da conta vinculada a possibilidade de dispor do saldo que ali deveria existir no momento que lhe convier, observados os requisitos legais pertinentes.

Vale destacar que a doutrina vem, com o passar dos anos, adotando essa postura, enquadrando a situação na hipótese do artigo 483, 'd', da CLT:

"entendemos que a falta de recolhimento dos depósitos do FGTS constitui motivo suficiente para o rompimento do vínculo empregatício, com base em descumprimento de obrigação contratual. Apesar de o crédito, em princípio, ser disponibilizado para o empregado somente após o rompimento do contrato, há várias situações em que o empregado poderá movimentar a respectiva conta, independentemente dessa ruptura. É o que ocorre, por exemplo, quando o empregado pretende adquirir imóvel pelo sistema financeiro habitacional ou amortizar essa dívida, quando ele ou seus familiares forem acometidos por neoplasia maligna, AIDS ou encontrarem-se em fase terminal, na hipótese de calamidade pública no município em que reside o empregado, e aplicação em cotas de Fundos Mútuos de Privatização. A irregularidade no recolhimento dos depósitos, como se vê, acaba por interferir na continuidade do contrato".

No mesmo sentido caminha jurisprudência do TST, direcionando para a pacificação da matéria, como em recente decisão proferida pela SDI-I:

"Ementa:

[...]

*RESCISÃO INDIRETA DO CONTRATO DE TRABALHO. AUSÊNCIA DE RE-
COLHIMENTO DO FGTS. ART. 483 DA CLT. Hipótese em que nas instâncias
ordinárias decidiu-se que o fato de a empregadora negligenciar habitualmente
o cumprimento de prestações legais, em especial a obrigação de recolher o
FGTS, não configurava rescisão indireta. A Turma do TST, a seu turno, considerou que nessas circunstâncias não haveria violação do art. 483, "d", da
CLT, mas, sim, interpretação razoável do dispositivo, e invocou a Súmula 221,
II, do TST. Superada eventual controvérsia acerca do conhecimento do apelo,
uma vez que a decisão turmária, ainda que não renda ensejo ao conhecimento
dos embargos por contrariedade direta ao verbete (Súmula 221, II, do TST),
apresenta conteúdo de mérito suficiente a autorizar o cotejo de teses. Afinal,
diversamente do que sucede com as súmulas de função apenas instrumental
(súmulas 23, 126, 296, 297, etc.), cuja adoção inviabiliza a emissão de qualquer juízo, a aplicação da Súmula 221, II reporta-se a um juízo de razoabilidade e pode render ensejo a recurso de revista por meio do qual se invoque
a exegese literal e intransponível do preceito legal interpretado, afigurando-
-se adequado, via de consequência, que se conheça igualmente de embargos
quando se apresentem arestos que divirjam quanto à razoabilidade da exegese dada, frente à interpretação literal que se impunha. Assim, a apresentação
de aresto paradigma no qual enquadrada tal conduta patronal na prescrição do
art. 483, "d", da CLT, viabiliza o conhecimento dos embargos. Quanto ao mérito, o entendimento assente na jurisprudência majoritária desta Corte Superior,
em julgados da Subseção 1 Especializada em Dissídios Individuais, bem como
de todas as oito Turmas, é no sentido de que a ausência de recolhimento de
valores devidos a título de FGTS, por parte do empregador, no curso do contrato de trabalho autoriza a rescisão indireta. E esse entendimento ampara-se
justamente no artigo 483, "d", da CLT, segundo o qual o empregado poderá
considerar rescindido o contrato e pleitear a devida indenização quando o empregador não cumprir as obrigações do contrato. Recurso de embargos conhecido e provido. [...]". (g.n.)* (Processo: E-ED-RR – 114400-18.2002.5.15.0033
Data de Julgamento: 30/08/2012, Relator Ministro: Augusto César Leite de
Carvalho, Subseção I Especializada em Dissídios Individuais, Data de Publicação: DEJT 10/09/2012).

No caso concreto, o documento de fl. 103 testifica que a ré procedeu a conten-
to apenas os depósitos dos três primeiros meses em mais de um ano de vínculo de emprego, efetuando o recolhimento em atraso na data de 20/07/2011, ou
seja, após a propositura da presente reclamação, distribuída em 08/06/2011
(fl. 02).

A conduta traduz, de maneira evidente, a malograda intenção da reclamada
em prejudicar o reclamante, eis que, presumidamente possuidora do montante
devido, apenas recolheu os depósitos fundiários no momento em que entendeu oportuno.

Sobre a quitação da parcela social, sequer há menção do tema na contestação, tampouco a apresentação de documentos hábeis a comprovar a situação de regularidade, o que faz presumir a veracidade da tese inicial de inadimplemento da cota patronal, assim como, da falta de repasse da parcela descontada do salário do empregado.

Reconheço, dessarte, a rescisão indireta por descumprimento de obrigações contratuais, nos termos do artigo 483, *d*, da CLT, tal como definido na sentença recorrida [...].

A 3ª Turma do TRT da 5ª Região, Salvador/Bahia, também decidiu[328] que a falta de recolhimento do FGTS pelo empregador é falta grave e enseja a rescisão indireta. Em sua fundamentação, a relatora, Desembargadora Marizete Menezes, entendeu que o descumprimento das obrigações contratuais pelo empregador, incluído o não depósito dos valores do FGTS, torna a relação laboral insustentável, o que justifica a despedida indireta. Assim foi seu voto:

[...] Ao contrário do que entendeu o Magistrado de base, a falta de observância, por parte do empregador, das obrigações decorrentes do contrato de trabalho torna insustentável a continuidade da relação de emprego, justificando a rescisão indireta do contrato de trabalho.

Registre-se, nesse passo, que, além do inadimplemento da Reclamada quanto à correta anotação da CTPS da Reclamante e ao pagamento das horas extraordinárias efetivamente trabalhadas, é incontroverso o não recolhimento das contribuições para o FGTS.

De outra parte, como salientado pelo douto Juiz, não houve alegação nem prova por parte da Reclamada acerca da existência de qualquer falta grave cometida pela Reclamante, razão pela qual esta contava, ainda em seu favor, com a presunção·de continuidade do contrato de trabalho.

Assim, seja porque a Reclamante comprovou o descumprimento pela Reclamada de suas obrigações contratuais, seja porque a continuidade do vínculo empregatício é presunção favorável ao empregado, é que, pedindo vênia, reformo a sentença para declarar a rescisão indireta do contrato de trabalho, nos termos da alínea *d* do artigo 483 da CLT, e acrescer à condenação o pagamento de aviso prévio, indenização de 40% sobre as contribuições para o FGTS, indenização substitutiva do seguro desemprego e indenização prevista no artigo 9º da Lei nº 7.238/84 [...].

---

[328] BRASIL. Tribunal Regional do Trabalho (5. Região). *Recurso ordinário n° 0000218-79.2011.5.05.0001*. Recorrente: Tássia Elaine dos Santos Monteiro. Recorrido: Marco Augusto Mazzali Monteiro Filho – Me. Relator: Des. Marizete Menezes. Salvador, 20 de novembro de 2012. Disponível em: <http://www.trt5.jus.br/jurisprudencia/modelo/AcordaoConsultaBlobTexto.asp?v_id=374158&texto=rescis%E3o%20and%20indireta%20and%20fgts>. Acesso em: 30. mar. 2013.

Assim, note-se que a tese de rescisão indireta fundada na falta de depósitos do FGTS é amplamente aceita pela jurisprudência dos Tribunais brasileiros. Entre os principais fundamentos elencados pelos julgadores, o predominante é o de que a obrigação de realizar os depósitos além de ser legal é também contratual e sua inobservância infringe o disposto no art. 483, *d*, da CLT,[329] caracterizando-se como falta grave do empregador e ensejando a rescisão indireta do contrato de trabalho.

4.6. Novo entendimento do TST na Matéria

A SDI-1 do TST decidiu, em 08 de agosto do ano de 2012, por maioria (vencido o Ministro João Batista Brito Pereira) que o não depósito do FGTS é causa apta a ensejar a rescisão indireta do contrato de trabalho. O recurso de Embargos[330] dirigido à Subseção foi conhecido por divergência jurisprudencial entre a quinta turma do TST e a SDI-1, pois aquela não reconhecia o ato como falta grave enquanto esta já vinha decidindo acerca do reconhecimento, o que enseja a rescisão indireta. Provido, foi assim ementado:

RESCISÃO INDIRETA DO CONTRATO DE TRABALHO. INSUFICIÊNCIA DE RECOLHIMENTO DO FGTS. A insuficiência de recolhimento do FGTS constitui motivo para a rescisão indireta do contrato de trabalho, de acordo com o artigo 483, alínea 'd', da Consolidação das Leis do Trabalho. Precedentes deste Tribunal. Recurso de embargos conhecido e provido.

Em seu voto, o Relator, Ministro Renato de Lacerda Paiva, evidenciou a natureza alimentar dos valores do FGTS, alegando que o recolhimento irregular ou a falta do recolhimento prejudicam a subsistência do trabalhador, caracterizando a justa causa patronal. Seguem trechos de seu voto:

---

[329] BRASIL. *Decreto-lei nº 5.452, de 1º de maio de 1943 [CLT]*. Aprova a Consolidação das Leis do Trabalho. Disponível em: <http://www.planalto.gov.br/ccivil_03/decreto-lei/del5452.htm>. Acesso em: 30 mar. 2013.

[330] BRASIL. Tribunal Superior do Trabalho. *SDI -1 Embargos em Recurso de Revista nº 3389200-67.2007.5.09.0002*. Embargante: Arno Krug. Embargada Set Sociedade Educacional Tuiuti Ltda. Relator: Min. Renato de Lacerda Paiva. Brasília, 2 de agosto de 2012. Disponível em: <http://aplicacao5.tst.jus.br/consultaunificada2/inteiroTeor.do?action=printInteiroTeor&format=html&highlight=true&numeroFormatado=E-RR%20-%203389200-67.2007.5.09.0002&base=acordao&rowid=AAANGhAAFAAAJ8xAAM&dataPublicacao=16/11/2012&query=>. Acesso em: 27 mar. 2013.

[...] O art. 483, alínea *d*, da Consolidação das Leis do Trabalho preceitua que o empregado poderá considerar rescindido o contrato de trabalho, pleiteando, pois, a indenização respectiva, na hipótese de o empregador não cumprir as obrigações contratuais.

No presente caso, depreende-se da decisão do Tribunal Regional, devidamente transcrita pela Turma às fls. 446, "o insuficiente recolhimento do FGTS".

O reconhecimento da rescisão indireta supõe a ocorrência de justa causa patronal com gravidade suficiente a ensejar a ruptura do liame empregatício, impondo-se caso a caso o exame dos atos faltosos imputados ao empregador para a adequada solução da lide.

In casu, o recolhimento correto do FGTS consiste em cláusula contratual imprescindível à manutenção, à sobrevivência e à dignidade do trabalhador, face a sua natureza alimentar. Evidente, portanto, a gravidade do descumprimento contratual por parte da reclamada [...].

O Relator colacionou, em seu voto, ementas das SDI-1, as quais apontavam para a configuração da falta grave em casos análogos ao tratado nos Embargos. Embora não exista, ainda uma Orientação Jurisprudencial nesse sentido, depreende-se do exposto que o entendimento que prevalece atualmente no TST é o de caracterização de justa causa do empregador pelo não depósito do FGTS, fato que enseja a rescisão indireta do contrato de trabalho.

5. Conclusão

Com a Constituição de 1988, o FGTS passou ser o único instituto jurídico a concretizar a proteção do trabalhador em face da despedida imotivada. Assim, os empregadores passaram a ter que depositar, mensalmente, em uma conta vinculada ao Fundo e em nome do obreiro, o equivalente a 8% da remuneração deste (2% para os contratos de aprendiz). Os depósitos passaram a constituir um tipo de poupança forçada do trabalhador – tendo em vista que o saque não pode ser feito a qualquer momento e nem sob qualquer pretexto – e os valores vão se acumulando até que surja motivo para que sejam utilizados.

O FGTS surgiu como um novo modelo jurídico, substituindo a prevista indenização pelo tempo de serviço e a estabilidade decenal a partir da Carta Constitucional de 1988. Por conseguinte, tornou-se o único instituto trabalhista a conferir proteção ao trabalhador face à despedida arbitrária.

Importante lembrar que nem todos os trabalhadores são beneficiários do FGTS. A Carta Magna, ao editar norma geral, deixou para a legislação infraconstitucional a caracterização das classes trabalhadoras que têm ou não direito ao Fundo. Desta forma, ficam excluídos do regime de garantia os trabalhadores eventuais, os autônomos, bem como os servidores públicos civis e militares, sujeitos a regime jurídico próprio. Os empregados domésticos agora passam a ser, obrigatoriamente, beneficiários – o que se efetivará após normas regulamentadoras na nova Emenda Constitucional nº 72.

O advento do instituto gerou certa liberdade para que os empregadores despedissem seus empregados imotivadamente. Em vez de realizarem o pagamento da indenização por tempo de serviço – que tinha por base o efetivo tempo trabalhado –, ou até mesmo serem impedidos de dispensar em virtude da estabilidade decenal, os empregadores, atualmente, só têm a obrigação de depositar o percentual de 40% sobre o valor dos depósitos de FGTS por eles realizados.

Outrossim, o FGTS trouxe benefícios aos empregados que podem dispor dos valores depositados em várias hipóteses, as quais estão disciplinadas na lei regulamentadora. Ainda, o Estado também tornou-se beneficiário – e indiretamente a coletividade –, vez que pode fazer uso de todos os valores depositados para aplicação em políticas públicas. Sem o Fundo, valores de outras áreas teriam que ser destinados aos programas financiados pelo instituto.

Analisando o instituto da rescisão indireta, pode-se notar que não se trata da despedida comum, ou seja, é o empregado quem pede a dispensa, mas quem deu motivo para tanto foi o empregador, o qual terá de arcar com os ônus de uma despedida direta. As hipóteses em que poderá ocorrer a rescisão indireta – situações denominadas de culpa do empregador, falta grave patronal, entre outras – estão elencadas nas alíneas do art. 483 da CLT.

Questão importante a saber é que, ocorrendo uma das situações elencadas como falta grave do empregador, o empregado tem a faculdade de pleitear a rescisão do contrato, ou pode ele silenciar em relação ao ocorrido e permanecer em seu emprego, configurando-se, então, o perdão tácito.

A ocorrência da rescisão indireta deve, necessariamente, ser reconhecida pela Justiça do Trabalho. Para que isso aconteça, deverá o empregado ingressar com uma Ação de Reconhecimento de Rescisão Indireta, cumulada com cobrança das verbas rescisórias. Deverá o empregado comprovar a conduta faltosa do empregador, conforme a regra geral do art. 333 do CPC.

Se o empregado obtiver êxito na Ação, a justa causa será reconhecida e a rescisão indireta do contrato de trabalho será declarada e terá ele o direito às mesmas verbas rescisórias da despedida imotivada. Se o empregado não conseguir comprovar a justa causa, duas situações podem ocorrer: a) se o trabalhador afastou-se do emprego para pleitear a rescisão indireta, o seu afastamento será considerado como abandono de emprego; b) se o empregado continuou no serviço, o empregador vai decidir acerca da sua permanência ou saída – mas este não poderá considerar o pleito do empregado como justa causa para a despedida.

Das condutas ilícitas do empregador que ensejam a rescisão indireta, a que mais interessa para o presente estudo é a elencada na alínea *d* do art. 483 da CLT: o descumprimento das obrigações contratuais. Nesse tipo de falta, é prescindível a análise da intenção do empregador; basta ele realizar a conduta de descumprimento para configurar a falta grave.

O tema deste trabalho é o não depósito do FGTS como causa de rescisão indireta do contrato de trabalho. Para explicar essa causa de rescisão, é preciso considerar que a falta de depósito do FGTS é descumprimento de obrigação contratual, portanto falta grave elencada na alínea *d* do art. 483 da CLT.

O Direito Trabalhista brasileiro tem caráter protetor e foi criado para regulamentar as relações de trabalho e em especial para proteger o trabalhador, que é a parte mais fraca da relação laboral. Seus direitos são assegurados por normas que vão além do contrato de trabalho, ou seja, derivam de imposição estatal, acordos e convenções coletivas, mitigando a autonomia privada de contratar.

Assim, se o depósito do FGTS é obrigação imposta pela lei, em especial pela Constituição Federal, é incontestável que o descumprimento dessa obrigação deve gerar uma sanção. Além do mais, é presumível que a falta do valor dos depósitos no Fundo causa lesão ao empregado, que não poderá dele dispor quando necessitar.

Como o Direito do Trabalho visa equilibrar a relação laboral (proteger o trabalhador perante o senhorio, que é quem detém o monopólio econômico) não é de bom senso defender que enquanto o empregado descumpre qualquer de suas obrigações a ele é imposta sanção, o empregador pode descumprir as suas e isso não gerar qualquer efeito. Se o empregador não cumpriu uma obrigação – o que enseja lesão ao empregado – deve ele sujeitar-se às penas da lei.

Outrossim, com o novo regime trabalhista, o qual extinguiu a estabilidade decenal, o empregado está mais vulnerável à despedida sem justa causa, pois o empregador não tem outro ônus se não o de depositar 40% do valor dos depósitos do Fundo. Assim, o FGTS é a única garantia que ainda lhe resta em face da dispensa imotivada, tanto por causa do valor lá depositado quanto pelo empecilho econômico imposto ao empregador – pagamento da indenização de 40%.

Considerando o fato de que vivemos em uma sociedade capitalista, onde é necessário dispor de certo nível econômico para que se tenha conforto, a falta de valores na conta do empregado causa a ele lesão patrimonial. Se o empregador não realiza os depósitos, está a prejudicar a subsistência do seu subordinado, vez que este conta com o valor que deveria estar sendo depositado no Fundo.

A tese de que a falta grave só se configuraria caso o trabalhador necessitasse utilizar os valores do Fundo é, *data venia*, incoerente e demonstra descaso para com o empregado. Imagine-se, por exemplo, que um empregado fosse acometido de neoplasia maligna (câncer) e necessitasse, urgentemente, utilizar seu FGTS para cobrir custos do tratamento. Se ele trabalha em uma empresa há vários anos, e esta não realizou os depósitos, pode ela não dispor de numerário suficiente para sanar os atrasos. Nesse caso, o trabalhador não teria condições financeiras de arcar com um tratamento digno por causa do desleixo de seu empregador.

Ademais, pode-se afirmar que o não depósito do FGTS pelo empregador é sim falta que ocasiona a ruptura da confiança que o empregado tinha em seu tomador de serviços. A quebra de confiança torna a relação empregatícia insustentável, o que não dá outra alternativa ao empregado senão a de romper com o vínculo empregatício. Um empregador que não cumpre com suas obrigações e também não se preocupa com o bem-estar de seu empregado – porque deixar de realizar os depósitos é, salvo caso de força maior, desrespeito ao trabalhador – não é digno de confiança. Assim, não será possível a manutenção da relação laboral, não podendo, porquanto não deu causa à ruptura, o empregado sair ainda mais prejudicado.

Diante de todo o exposto, *data maxima venia*, pode-se concluir que o não depósito do FGTS pelo empregador é descumprimento contratual grave, o que enseja a rescisão do contrato de trabalho pela via indireta – rescisão ou despedida indireta. Espera-se, como o novo entendimento da SDI-1, que a jurisprudência seja unificada nesse sentido para que se possa propiciar ao trabalhador maior e mais efetiva segurança na relação de trabalho.

Referências

ALEXANDRINO, Marcelo. *Direito do trabalho*. 9. ed. Rio de Janeiro: Impetus, 2006.

ALMEIDA, Amador Paes de. *CLT comentada*: legislação, doutrina, jurisprudência. 6. ed. São Paulo: Saraiva: 2009.

BARROS, Alice Monteiro de. *Curso de direito do trabalho*. 8. ed. São Paulo: LTr, 2012.

BATALHA, Wilson de Souza Campos. *Rescisão contratual trabalhista e a triologia do desemprego*. 3. ed. São Paulo: LTr, 2000.

BOJART, Luiz Eduardo Guimarães. O Fundo de garantia do tempo de serviço. *Jornal trabalhista*, Brasília, n. 587, p.1345-1346, dez. 1995.

BRASIL. Conselho da Justiça Federal. *ENUNCIADO 572*. 02 abr. 2013. Disponível em: <http://www.jf.jus.br/cjf/CEJ-Coedi/jornadas-cej/VI%20JORNADA1.pdf>. Acesso em: 05 mai. 2013.

——. Constituição (1988). *Constituição da República Federativa do Brasil de 1988*. Disponível em: <http://www.planalto.gov.br/ccivil_03/constituicao/constitui%C3 % A7ao.htm>. Acesso em: 19 dez. 2012.

——. *Decreto nº 3.361 de 10 de fevereiro de 2000*. Regulamenta dispositivos da Lei no 5.859, de 11 de dezembro de 1972, que dispõe sobre a profissão de empregado doméstico, para facultar o acesso do empregado doméstico ao Fundo de Garantia do Tempo de Serviço – FGTS e ao Programa do Seguro-Desemprego. Disponível em: <http://www.jusbrasil.com.br/legislacao/ 101785/decreto-3361-00>. Acesso em: 21 set. 2012.

——. *Decreto nº 5.113, de 22 de junho de 2004*. Regulamenta o art. 20, inciso XVI, da Lei no 8.036, de 11 de maio de 1990, que dispõe sobre o Fundo de Garantia do Tempo de Serviço – FGTS, e dá outras providências. Disponível em: <http://www. planalto.gov.br/ccivil_03/_ato2004-2006/2004/decreto/d5113.htm>. Acesso em: 09 set. 2012.

——. *Decreto nº 99.684, de 8 de novembro de 1990*. Consolida as normas regulamentares do Fundo de Garantia do Tempo de Serviço (FGTS). Disponível em:<http:// www. planalto.gov.br/ccivil_03/decreto/D99684.htm>. Acesso em: 09 set. 2012.

——. *Decreto-lei nº 2.848, de 7 de dezembro de 1940*. Código Penal. Disponível em: <http:// www.planalto.gov.br/ccivil_03/decreto-lei/del2848compilado.htm>. Acesso em: 14 dez. 2012.

——. *Decreto-lei nº 5.452, de 1º de maio de 1943 [CLT]*. Aprova a Consolidação das Leis do Trabalho. Disponível em: <http://www.planalto.gov.br/ccivil_03/decreto--lei/del5452.htm>. Acesso em: 25 ago. 2012.

——. Emenda constitucional n° 72, de 2 de abril de 2013. Altera a redação do parágrafo único do art. 7° da Constituição Federal para estabelecer a igualdade de direitos trabalhistas entre os trabalhadores domésticos e os demais trabalhadores urbanos e rurais. Disponível em: <http://www.planalto.gov.br/ccivil_03/constituicao/Emendas/Emc/emc72.htm>. Acesso em: 01 abr. 2013.

——. *Lei n° 5.107, de 13 de setembro de 1966.* Cria o Fundo de Garantia do Tempo de Serviço, e dá outras providências. Disponível em: <http://www.planalto. gov. br/ccivil_03/leis/L5107.htm>. Acesso em: 22 ago. 2012.

——. *Lei n° 5.172, de 25 de outubro de 1966.* Dispõe sobre o Sistema Tributário Nacional e institui normas gerais de direito tributário aplicáveis à União, Estados e Municípios. Disponível em: < http://www.planalto.gov.br/ccivil_03/Leis/L5172.htm>. Acesso em: 23 ago. 2012.

——. *Lei n° 5.859, de 11 de dezembro de 1972.* Dispõe sobre a profissão de empregado doméstico e dá outras providências. Disponível em: <http://www. planalto.gov. br/ccivil_03/leis/L5859.htm>. Acesso em: 21 set. 2012.

——. *Lei n° 5.869, de 11 de janeiro de 1973.* Institui o Código de Processo Civil. Disponível em: <http://www.planalto.gov.br/ccivil_03/leis/L5869compilada.htm>. Acesso em: 15 dez. 2012.

——. *Lei n° 5.889, de 8 de junho de 1973.* Estatui normas reguladoras do trabalho rural. Disponível em: <http://www.planalto.gov.br/ccivil_03/ leis/L5889.htm>. Acesso em: 13 dez. 2012.

——. *Lei n° 6.919, de 2 de junho de 1981.* Faculta a Extensão do Regime do Fundo de Garantia por Tempo de Serviço a Diretores Não-Empregados, e dá outras Providências. Disponível em: <http://www.planalto.gov.br/ccivil_03/Leis/L6919. htm>. Acesso em: 09 set. 2012.

——. *Lei n° 7.238, de 29 de outubro de 1984.* Dispõe sobre a manutenção da correção automática semestral dos salários, de acordo com o Índice Nacional de Preços ao Consumidor – INPC, e revoga dispositivos do decreto-lei n° 2.065, de 26 de outubro de 1983. Disponível em: <http://www.planalto.gov.br/ccivil_03/leis/1980-1988/L7238.htm>. Acesso em: 19 dez. 2012.

——. *Lei n° 8.036, de 11 de maio de 1990.* Dispõe sobre o Fundo de Garantia do Tempo de Serviço, e dá outras providências. Disponível em: <http://www.planalto. gov. br/ccivil_03/leis/l8036consol.htm>. Acesso em: 21 set. 2012.

——. *Lei n° 8.112, de 11 de dezembro de 1990.* Dispõe sobre o regime jurídico dos servidores públicos civis da União, das autarquias e das fundações públicas federais. Disponível em: <http://www.planalto.gov.br/ccivil_03/leis/L8112cons.htm>. Acesso em: 23 ago. 2012.

——. *Lei n° 9.615, de 24 de março de 1998.* Institui normas gerais sobre desporto e dá outras providências. Disponível em: <http://www.planalto.gov.br/ccivil_03/leis / L9615consol.htm>. Acesso em: 26 mar. 2013.

——. *Ministério do Trabalho e Emprego.* PEC das domésticas é aprovada Senado aprova em segundo turno PEC n° 66 que equipara direitos das domésticas a dos outros trabalhadores. Texto segue para promulgação. Portal do Trabalho e Emprego, Brasília, 27 mar. 2013. Disponível em: <http://portal.mte.gov.br/imprensa/pec-das-domesticas-e-aprovada/palavrachave/pec-domesticas-pec-66-direitos-trabalhistas-domesticas.htm>. Acesso em: 01 abr. 2013.

_____. Superior Tribunal de Justiça. *Recurso Especial n° 779.063 – PR (2005/0146755-6)*. Recorrente: Caixa Econômica Federal – CEF. Recorrido: Valdir Marques. Relator: Ministro Teori Albino Zavascki. Brasília, 15 de maio de 2007. Disponível em: <https://ww2.stj.jus.br/revistaeletronica/Abre_ Documento.asp? sSeq=691482&sR eg=200501467556&sData=20070604&formato=PDF>. Acesso em: 08 set. 2012.

_____. Tribunal Regional do Trabalho (1. Região). *Recurso ordinário n° 0000171-45.2012.5.01.0078*. Recorrente: Francisco Rodrigues de Souza. Recorrida: Ação Cristã Vicente Moretti. Relator: Des. Federal do Trabalho Bruno Losada Albuquerque Lopes. Rio de Janeiro, 4 de março 2013. Disponível em: <http://www.trt1.jus.br/web/guest/consulta-jurisprudencia>. Acesso em 30. mar. 2013.

_____. Tribunal Regional do Trabalho (2. Região). *Recurso ordinário n°: 20000597672*. Recorrente: Faísca Empr San Ambiental Ltda e Roselita Maria da Silva. Recorrido: Faísca Empr San Ambiental Ltda e Roselita Maria da Silva. Relator: Fernando Antônio Sampaio da Silva, São Paulo, 6 de novembro de 2001. Disponível em: <http://www.jusbrasil.com.br/jurisprudencia/7534896/recurso-ordinario-record-20000597672-sp-20000597672-trt-2/inteiro-teor>. Acesso em: 16 dez. 2012.

_____. Tribunal Regional do Trabalho (2. Região). *Recurso ordinário n° 0235100-66.2009.5.02.0024*. Recorrente: Antonio dos Santos Ferreira. Recorrido: Kuba Viação Urbana LTDA. Relator: Juíza Wilma Gomes da Silva Hernandes. São Paulo, 9 de março de 2012. Disponível em: <http://www.trtsp.jus.br/>. Acesso em: 28. mar. 2013.

_____. Tribunal Regional do Trabalho (2. Região). *Recurso ordinário n° 29253200290202000*. Recorrente: Sociedade de Ensino S/C LTDA. Recorridos: Fabiana Elaine e Ivo Fernandes. Relator: Sérgio Pinto Martins. São Paulo, 15 de outubro de 2001. Disponível em: <http://www.jusbrasil.com.br/jurisprudencia/7534865/recurso-ordinario-record-29253200290202000-sp-29253-2002-902-02-00-0-trt-2/inteiro-teor>. Acesso em: 28. mar. 2013.

_____. Tribunal Regional do Trabalho (2. Região). *Recurso ordinário n° 0001339-63.2011.5.02.0022*. Recorrente: Dt Sistemas Tecnologia em Informática Ltda. Recorrido: Renata Maria da Silva. Relator: Rovirso A. Boldo. São Paulo, 20 de março de 2013. Disponível em: <http://www.trtsp.jus.br/>. Acesso em: 30. mar. 2013.

_____. Tribunal Regional do Trabalho (4. Região). *Recurso ordinário n° 0000203-19.2012.5.04.0611*. Recorrente: Adriana Riguer Della Mea. Recorrido: Fundação Universidade de Cruz Alta – UNICRUZ. Relator: Des. Clóvis Fernando Schuch Santos. Porto Alegre, 11 de outubro de 2012. Disponível em: <http://gsa3.trt4.jus.br/search?q=cache:Hodr5BJU8J4J:iframe.trt4.jus.br/nj4_jurisp/jurispnovo.Exibi rDocumentoJurisprudencia%3FpCodAndamento%3D43723613+inmeta:DATA_ DOCUMENTO:2012-03-28..2013-03- 28+n%C3%A3o+reconhece+falta+grave+fgt s++&client=jurisp&site=jurisp&output=xml_ no_dtd&proxystylesheet=jurisp&i e=UTF-8&lr=lang_pt&access=p&oe=UTF-8>. Acesso em: 28. mar. 2013.

_____. Tribunal Regional do Trabalho (4. Região). *Recurso ordinário n° 0000143-06.2012.5.04.0204*. Recorrente: Alexandro Vaesken Alves. Recorrido: Comunidade Evangélica Luterana São Paulo – CELSP. Relator: André Reverbel Fernandes. Porto Alegre, 12 de setembro de 2012. Disponível em: <http://gsa3.trt4.jus.br/search?q=cache:maLtbVrbeAwJ:iframe.trt4.jus.br/nj4_jurisp/jurispnovo.Exibir DocumentoJurisprudencia%3FpCodAndamento%3D42703457+inmeta:DATA_ DOCUMENTO:2012-03-28..2013-03-28+n%C3%A3o+falta+grave+fgts++&clien t=jurisp&site=jurisp&output=xml_no_dtd& proxystylesheet=jurisp&ie=UTF-8&lr=lang_pt&access=p&oe=UTF-8. Acesso em: 28 mar. 2013.

———. Tribunal Regional do Trabalho (4. Região). *Recurso ordinário n° 5031800-28.1994.5.04.0941.* Recorrentes: Ivanilda Fanny Muller Bednarski, Maria Cândida dos Santos Mendes e Rádio São Lourenço LTDA. Recorridos: Ivanilda Fanny Muller Bednarski, Maria Cândida Dos Santos Mendes e Rádio São Lourenço LTDA. Relator: Teresinha Maria Delfina Signori Correia. Porto Alegre, 15 de março 1995. Disponível em: <http://gsa3.trt4.jus.br/ search?q=cache:BhU43VdBDMIJ:iframe. trt4.jus.br/nj4_jurisp/jurispnovo.ExibirDocumentoJurisprudencia%3FpCod Andamento%3D5075362+inmeta:DATA_DOCUMENTO:1995-01-01..1995-12-30+ rescis%C3%A3o+indireta+fgts++&client= jurisp&site=jurisp&output=xml_no_d td&proxystylesheet=jurisp&ie=UTF-8&lr=lang_pt&access=p&oe= UTF-8. Acesso em 30. mar. 2013.

———. Tribunal Regional do Trabalho (4. Região). *Recurso ordinário n° 0000002-51.2012.5.04.0021.* Recorrente: Belkis Freitas de Oliveira. Recorrido: Associação Conhecer de Educação e Ensino LTDA Ivanilda Fanny Muller Bednarski, Maria Cândida dos Santos Mendes e Rádio São Lourenço LTDA. Relator: Iris Lima De Moraes. Porto Alegre, 20 de março de 2013. Disponível em: <http://gsa3.trt4. jus.br/search?q=cache:KFvozA5Qr2kJ:iframe.trt4.jus.br/nj4_jurisp/jurispnovo. Exibir DocumentoJurisprudencia%3FpCodAndamento%3D45191941+inmeta: DATA_DOCUMENTO:2012-03-28..2013-03-28+rescis%C3%A3o+indireta+fgts++ &client=jurisp&site=jurisp&output=xml_no_ dtd& proxystylesheet=jurisp&ie=U TF-8&lr=lang_pt&access= p&oe=UTF-8>. Acesso em 28. mar. 2013.

———. Tribunal Regional do Trabalho (4. Região). *Recurso ordinário n° 0001329-23.2010.5.04.0014.* Recorrente: CCI – Centro de Cirurgia Infantil Ltda. Recorrido: Ivan Reni Denardi. Relator: André Reverbel Fernandes. Porto Alegre, 26 de abril 2011. Disponível em: <http://gsa3.trt4.jus.br/ search?q=cache:PXsfPEfyaHkJ: iframe.trt4.jus.br/nj4_jurisp/jurispnovo.ExibirDocumentoJurisprudencia%3Fp CodAndamento%3D41764143++centro+e+cirurgia+e+infantil++&client=jurisp &site=jurisp&output=xml_no_dtd&proxystylesheet=jurisp&ie=UTF-8&lr=lang_ pt&access=p&oe=UTF-8>=2011-09-13& origem=TRT>. Acesso em: 16 dez. 2012.

———. Tribunal Regional do Trabalho (5. Região). *Recurso ordinário n° 0000218-79.2011.5.05.0001.* Recorrente: Tássia Elaine dos Santos Monteiro. Recorrido: Marco Augusto Mazzali Monteiro Filho – Me. Relator: Des. Marizete Menezes. Salvador, 20 de novembro de 2012. Disponível em: <http://www.trt5.jus.br/jurisprudencia/modelo/AcordaoConsultaBlobTexto.asp?v_id=374158&texto=resc is%E3o%20and%20indireta%20and%20fgts>. Acesso em: 30. mar. 2013.

———. Tribunal Regional do Trabalho. (3. Região). *Recurso Ordinário n. 15833/00.* Recorrente: Esab S/A Indústria e Comércio. Recorrido: Antônio Carlos Batista. Relator: Jose Murilo de Morais, Data de Publicação: 24 de março de 2001. Disponível em: < https://as1.trt3.jus.br/juris/detalhe.htm?conversationId=14788>. Acesso em: 30 out. 2012.

———. Tribunal Superior do Trabalho. *Agravo de instrumento em recurso de revista. AIRR – 67-44.2011.5.03.0139,* da 8ª Turma. Agravante: CONTAX S.A. Agravado: Rita de Cássia Oliveira Santos e Telemar Norte Leste S.A. Relatora Ministra: Dora Maria da Costa. Data de Julgamento: 16 de maio de 2012, Data de Publicação: 18 de maio de 2012. Disponível em: <http://aplicacao5.tst.jus.br/ consultaunificada2/inteiroTeor.do?action=printInteiroTeor&format=html&highlight=true&numeroForm atado=AIRR%20-%2067-44.2011.5.03.0139&base=acordao&rowid=AAANGhABI AAACstAAK&data Publicacao=18/05/2012&query=contax>. Acesso em: 14 dez. 2012.

———. Tribunal Superior do Trabalho. *Orientação jurisprudencial transitória 244*. 20 jun. 2001. Disponível em: <http://www3.tst.jus.br/ jurisprudencia/OJ_SDI_1/n_s1_ 241.htm#TEMA244>. Acesso em: 14 dez. 2012.

———. Tribunal Superior do Trabalho. *Recurso de revista n° 574.565/1999.9*. Recorrente: Jordan Baesso Lamas. Recorrida: Drogaria e Perfumaria Local Ltda. e outros. Relatora: Maria do Perpétuo Socorro Wanderley de Castro, Brasília, 23 de outubro de 2002. Disponível em: <http://www.jusbrasil.com.br/jurisprudencia/1816821/ recurso-de-revista-rr-574565251999503555- 574565-2519995035555-tst>. Acesso em: 28. mar. 2013.

———. Tribunal Superior do Trabalho. *Recurso de revista. RR – 1207-93.2011.5.03.0081*, da 4ª Turma. Recorrente: Novacar Comércio de Veículos, Peças E Serviços LTDA. Recorrido: Rui Maurício Da Silva. Relatora Ministra: Maria de Assis Calsing. Data de Julgamento: 21 de novembro de 2012, Data de Publicação: 23 de novembro de 2012. Disponível em: <http://aplicacao5.tst.jus.br/ consultaunificada2/ inteiroTeor.do?action=printInteiroTeor&format=html&highlight=true&numeroFormat ado=RR%20-%201207-93.2011.5.03.0081&base=acordao&rowid=AAANGhAAFA AAKzZAAT& dataPublicacao =23/11/2012&query=recurso%20de%20revista%2 0rescisao%20indireta>. Acesso em: 14 dez. 2012.

———. Tribunal Superior do Trabalho. SDI -1. *Embargos em Recurso de Revista n° 3389200-67.2007.5.09.0002*. Embargante: Arno Krug. Embargada: Set Sociedade Educacional Tuiuti Ltda. Relator: Min. Renato de Lacerda Paiva. Brasília, 2 de agosto de 2012. Disponível em: <http://aplicacao5.tst.jus.br/consultaunifica-da2/inteiroTeor.do?action=printInteiroTeor&format=html&highlight=true&nu meroFormatado=E-RR%20-%203389200-67.2007.5.09.0002&base=acordao&rowid = AAANGhAAFAAAJ8xAAM&dataPublicacao=16/11/2012&query=>. Acesso em: 27 mar. 2013.

———. Tribunal Superior do Trabalho. SDI-1. *Embargos em Recurso de Revista n° 1.574/2001-0009-03-00.5*. Embargante: América Futebol Clube. Embargado: Ruy Bueno Neto. Relator: Min. João Batista Brito Pereira. Brasília, 8 de novembro de 2004. Disponível em: <http://aplicacao 5.tst. jus.br/consultaunificada2/inteiroTeor.do?acti on=printInteiroTeor&highlight= true&numeroFormatado=E-RR%20-%20157400-13.2001.5.03.0009&base=acordao&numProcInt=87808&anoProcInt=2002 &data Publicacao=26/11/2004%2000:00:00&query=>. Acesso em: 26 mar. 2013.

———. Tribunal Superior do Trabalho. *Súmula 171*. Disponível em: <http://www.dji. com.br/normas_inferiores/ enunciado_tst/ tst_0171.htm>. Acesso em: 19 dez. 2012.

CAMINO, Carmen. *Direito individual do trabalho*. 4. ed. Porto Alegre, Síntese, 2004.

CARRION, Valentin. *Comentários à consolidação das leis do trabalho*. 32. ed. São Paulo: Saraiva, 2009.

———; CARRION, Eduardo Kroeff Machado. *Comentários à consolidação das leis do traba-lho*: legislação complementar, jurisprudência. 37. ed. São Paulo: Saraiva, 2012.

CASSAR, Vólia Bonfim. *Direito do trabalho*. 5. ed. Niterói: Impetus, 2011.

CORTEZ, Julpiano Chaves. Condutas ilícitas: resolução do contrato de emprego. *Suplemento Trabalhista*, São Paulo, ano 46, p. 625-628, 2010.

DELGADO, Mauricio Godinho. Curso de direito do trabalho. 11. ed. São Paulo: LTr, 2012.

———. *Curso de direito do trabalho*. 9. ed. São Paulo: LTr, 2010.

DEPARTAMENTO INTERSINDICAL DE ASSESSORIA PARLAMENTAR – DIAP. *PEC das domésticas aprovada em 2º turno; vai à promulgação.* Brasília, 26 mar. 2013. Disponível em: <http://www.diap.org.br/index.php?option=com_content&vie w=article&id=21927:senado-aprova-pec-das-domesticas-em-2-turno-texto-vai-a-promulgacao&catid=45:agencia-diap&Itemid=204>. Acesso em: 01 abr. 2013.

DINIZ, Bismarck Duarte, *Direito do trabalho*: para apreender e consultar. Cuiabá: UNI-VAG/ UNICEM, 2000.

FERREIRA, Idelson. Da rescisão indireta do contrato de trabalho, equívocos e consequências. *Suplemento Trabalhista*, São Paulo, ano 47, p. 155-158, 2001.

GIGLIO, Wagner. Justa causa. 7. ed. São Paulo: Saraiva, 2000.

GOMES, Orlando. *Curso de direito do trabalho*. 18. ed. Rio de Janeiro: Forense, 2008.

——; GOTTSCHALK, Elson. *Curso de direito do trabalho.* Rio de Janeiro: Forense, 2007.

GUIMARÃES, Hélio de Miranda. Despedida indireta. *Revista de Direito do Trabalho*, São Paulo, ano 10, n. 53, p. 33-35, jan./fev. 1985.

HENRIQUES, Antonio; MEDEIROS, João Bosco. *Monografia no curso de direito*: como elaborar o trabalho de conclusão de curso (TCC). 6. ed. São Paulo: Atlas, 2008.

JORGE NETO, Francisco Ferreira; CAVALCANTE, Jouberto de Quadros Pessoa. *Curso de direito do trabalho.* 2. ed. São Paulo: Atlas, 2012.

LYCHOWSKI, Rodrigo. Extensão facultativa do FGTS aos empregados domésticos: análise da constitucionalidade e da efetividade da Lei nº 10.208, de 23 de março de 2001. *Revista do Tribunal Regional do Trabalho – 1ª Região*, Rio de Janeiro, n. 33, p. 57-63, jan./abr. 2003.

MACIEL, José Alberto Couto. Rescisão indireta do contrato de trabalho – atrasos nos pagamentos do FGTS e INSS. *Justiça do Trabalho*, Porto Alegre, n. 264, p. 7-9, dez. 2005.

MARTINS FILHO, Ives Gandra da Silva. *Manual esquemático de direito e processo do trabalho.* 14. ed. São Paulo: Saraiva, 2006.

MARTINS, Melchíades Rodrigues. *Justa causa*: do empregado, do empregador, culpa recíproca. São Paulo: LTr, 2010.

MARTINS, Sérgio Pinto. *Direito do trabalho.* 26. ed. São Paulo: Atlas, 2010.

——. *Manual da justa causa.* 4. ed. São Paulo: Atlas, 2010.

——. *Manual do FGTS.* 4. ed. São Paulo: Malheiros, 2010.

MOREIRA, Eliana dos Santos Alves; GIORDANI, Francisco Alberto da Motta Peixoto. O fundo de garantia do tempo de serviço. In: PEIXOTO, Francisco Alberto da Motta; MARTINS, Melchíades Rodrigues; VIDOTTI, Tarceio José (Coord.). *Fundamentos do direito do trabalho, estudos em homenagem ao Ministro Milton de Moura França.* São Paulo: LTr, 2000. p. 584-604. Do capítulo

NERY FILHO, João da Silva. Fundo de garantia por tempo de serviço. *Revista do Tribunal Regional do Trabalho da 18ª Região*, Goiás, ano 3, v. 1, n. 1, p. 30-31. dez. 2000.

OLIVEIRA, Francisco Antonio de. *Curso de direito do trabalho.* São Paulo: LTr, 2011.

PINTO, José Augusto Rodrigues. *Curso de direito individual do trabalho.* 4. ed. São Paulo: LTr, 2000.

PIROLLA, Paulo. *Contrato de trabalho*: aspectos jurídicos e prática empresarial. São Paulo, IOB, 2011.

PRUNES, José Luiz Ferreira. *Justa causa e despedida indireta.* 2. ed. Curitiba: Juruá, 2002.

RECURSOS do FGTS. Natureza jurídica. *Boletim de Direito Administrativo*, Pará, ano 14, n. 9, p. 582-585, set. 1998.

SAAD, Eduardo Gabriel. *Comentários à lei do fundo de garantia do tempo de serviço*: Lei 8.036, de 11.5.90. 3. ed. São Paulo: LTr, 1995.

SALEM, Luciano Rossignolli; SALEM, Diná Rossignolli. Justa causa e rescisão indireta. São Paulo: Jurídica Brasileira, 1995.

SARAIVA, Renato. *Direito do trabalho*: versão universitária. 5. ed. São Paulo: Método, 2012.

SCHWARZ, Rodrigo Garcia. Direito do trabalho. Rio de Janeiro: Elsevier, 2007.

SILVA, Eduardo de Azevedo. Fundo de garantia do tempo de serviço e prescrição. *Trabalho & Doutrina*, São Paulo, n. 17, p. 35-49, jun. 1998.

SILVA, Leônio José Alves da. Limites e efeitos da imediatidade nas reclamações trabalhistas com pedido de rescisão indireta do contrato de trabalho: por uma nova leitura do art. 483 da CLT. *Revista do Tribunal Regional do Trabalho da 6ª Região*, Recife, ano 10, n.25, p. 89-99. 2007.

SINATORA, Sandra. Rescisão indireta, falta grave do empregador. *Jornal Trabalhista Consulex*, Brasília, ano 29, n. 1417, p. 9-10, mar. 2012.

Impressão:
Evangraf
Rua Waldomiro Schapke, 77 - POA/RS
Fone: (51) 3336.2466 - (51) 3336.0422
E-mail: evangraf.adm@terra.com.br